MEX PLORO

Für Uwe

Angela Bernhardt

MEX PLORO

Mit Bildern von Stephan Pricken

TULIPAN VERLAG

Inhalt

Sie brauchen mich! **6**
Nackt im Gefrierschrank **16**
Kältetraining **25**
Ich, der Falsche? **32**
Ans Ende der Welt **40**
Die Chef-Überraschung **47**
Die Forschungskiste **58**
Definitiv uncool **70**
Survivaldingsda **80**
Blinder Passagier **89**
Über eine Baumwurzel stolpern **98**
Brandgefährlich **108**
Meine eigene Expedition **114**
Pinguin-Party und Mission Bohrkern **122**
Alle oder keiner **135**
Machst du Witze? **142**
Am Puls der Welt **148**
Keine Helden weit und breit **155**
Alarm auf *Tutum* **161**
Das Schicksal und seine Chancen **169**

Kleines Antarktis-Fachlexikon **177**

Sie brauchen mich!

Ich ließ mein Skidoo mit Höchstgeschwindigkeit über die scharfe Kante sliden und warf einen kurzen Blick über die Schulter. Lonny verfolgte mich mit seinem Sportwagen, kam mir immer näher ... gleich würde er mich einholen. Metall schrammte auf Stein und ließ mein Trommelfell erzittern. Mein Puls gab Vollgas. Ich nahm mein Herz in beide Hände und hob mit einem gewagten Sprung ab.

Lonny grinste. »In echt funktioniert das nicht.«

»Wirst schon sehen! Irgendwann fahre ich so ein Ding und probiere es aus.«

Wir ließen unsere Spielzeug-Mobile auf der Tischtennisplatte unserer Reihenhaussiedlung landen und setzten uns wie so oft mit gekreuzten Beinen dazu. Der letzte Schultag vor den Sommerferien war geschafft. Sechs lange Wochen lagen vor uns und wir hatten keinen Plan.

Immerhin gab es eine Neuigkeit von Weltrang, die ich unbedingt loswerden musste.

»Stell dir vor«, platzte es aus mir raus, »in den letzten Bohrkernen vom Wostoksee haben sie diesmal wirklich Mikroben gefunden. Das heißt, es gibt 4.000 Meter unter dem antarktischen Eisschild Leben. Eine wissenschaftliche Sensa...«

»Mex, du übertreibst es echt mit deinem Polartick!« Mein bester Freund Lonny pfiff durch die Nase.

»Aber überleg doch mal«, beharrte ich, »vielleicht gibts da unten noch komplett unbekannte Arten. Tintenfische mit drei Köpfen, Robben in allen Regenbogenfarben, Seesterne so groß wie ein Fußballfeld oder …« Meine Südpolvisionen gingen in einem krassen Schluckauf unter. Vor unserem Reihenhaus bremste mit quietschenden Reifen ein feuerroter Kleinbus.

Lonny schüttelte seine Dreadlocks und bohrte seine dunklen Augen in meine blassblauen. »Brennts bei euch?«

»Noch nicht«, quetschte ich zwischen zwei Hicksern raus, aber die Frage war mehr als berechtigt. Der Bus gehörte meinem Onkel Ignus, und wo er auftauchte, brannte es praktisch immer. Es war nur eine Frage der Zeit. Wer Onkel Ignus ist? Tja, wie soll ich ihn beschreiben? Am besten, man stellt sich einen Ball vor. Keinen prallen, nigelnagelneuen Fußball. Mehr so 'ne alte Gurke von Ball, die schon ordentlich Luft gelassen hat. Daran hängen locker verteilt vier Schläuche. Und oben auf dem Ball ist eine Art Hydrant befestigt. Nicht so lang und dünn

wie ein echter Hydrant, aber genauso knallrot. Das ist mein Onkel Ignus, Feuerwehrmann aus der City.

Als er über Ostern bei uns zu Besuch war, hat Mam beim Kochen die Bratpfanne mit der Wäscheschüssel verwechselt. Wenn ihr heiß geliebter Bruder auftaucht, ist sie meist ein bisschen neben der Spur. Ich denke, jeder kann sich vorstellen, wie geschmortes Plastik stinkt. Yep! Und zu Weihnachten haben meine Eltern, Tatsache, echte Kerzen auf den Baum gesteckt, weil ja angeblich nichts passieren kann, wenn ein Feuerwehrmann in der Nähe ist. Dann ist mein Onkel über sein Geschenk gestolpert. Und da hatten wir den Salat! Oder die angekokelte Nordmanntanne.

Damit da kein Missverständnis aufkommt: Ich mag Onkel Ignus. Er ist der einzige Erwachsene in meinem Leben, der nicht darauf aus ist, total erwachsen rüberzukommen. Außerdem ist Langeweile in seiner Gegenwart ein Fremdwort. Warum ich ihn so ausgiebig vorstelle? Na ja, mein Leben ist gewissermaßen an seinem festgeeist. Vorher war es ungefähr so spannend wie das eines Seelöwen im Aquarium. Sicher, ich hatte Spaß mit Lonny, der nebenan wohnt, aber ich wusste auch, dass die wirklich aufregenden Dinge ganz woanders passierten, und ich wartete sehnsüchtig auf den Tag, an dem ich genau dort sein würde. Denn wozu sollte so ein Leben gut sein, wenn es wie kalter Kaffee an einem vorbeifloss? Aber jeder weiß, wie das ist: Man wartet und wartet und nichts tut sich. Und auf einmal, wenn man gar nicht mehr damit rechnet, passiert es.

Es passierte in diesem Moment. Aus dem Kleinbus plumpste mein Onkel, stieß unser Gartentor auf und marschierte über die handtuchgroße Vorgartenwiese.

»Wir sehen uns!«, rief ich Lonny noch zu, bevor ich Onkel Ignus hinterherdüste. Diesen Tag konnte ich aus der Liste öder Reihenhaus-Vorstadt-Sommerwochen schon mal streichen!

Als ich die Tür aufschloss, schwebte Mam in ihrem blauen Sommerkleid mit einer anderthalb Liter Wasserflasche unterm Arm strahlend aus der Küche. »Liebling, da bist du ja endlich. Zufrieden mit dem Zeugnis?«

»Hmm …« Bitte keine Nachfragen! Instinktiv schnüffelte ich, ob es bei uns schon irgendwo was zu löschen gab, aber noch roch es absolut unverdächtig. Ich entdeckte drei Gläser in Mams Hand. »Wo ist Onkel Ignus?«

Sie zeigte Richtung Wohnzimmer.

»Mex, mein Junge«, begrüßte er mich von unserem riesigen Ohrensessel aus, über dem Paps' selbst geschossene Segelfotos aus aller Welt hängen. Vor ihm auf dem Couchtisch standen drei Dosen Erdnüsse, die erste war bereits leer.

Mein Blick wanderte von seinen quietschgelben Badelatschen über die geblümten Bermudashorts hinauf zu seinem Bauch, den ein ungewöhnlicher Gürtel zusammenhielt. Wenn man genau hinsah, erkannte man, dass es ein flach gepresster Feuerwehrschlauch in ausgeblichenem Rot war. Über dem Schlauch folgte ein hautenges grünes T-Shirt, aus dem sein kurzer, kräftiger Hals ragte. Der trug den knallroten Kopf, umrahmt von einem Kranz aus gekräuselten hellroten Haaren.

»Hi, Onkel Ignus«, grüßte ich zurück.

Als ich nahe genug war, boxte er mich direkt in die Magengrube. Das ist normal schon nicht witzig und erst recht nicht, wenn man so ein dünnes Hemd ist wie ich, aber ich biss die Zähne zusammen und grinste.

»Na, sechste Klasse überstanden?«, brummte er. »Wie sieht dein Giftblatt aus? Ich hoffe, gut. Für einen guten Schüler habe ich nämlich eine Wahnsinnsüberraschung im Gepäck.«

»Was denn für eine Überraschung, Igni?«, wollte Mam sofort wissen. Sie stellte die Gläser auf den Couchtisch und wählte das größte für ihn aus.

Nachdem ich mich aus den Augenwinkeln davon überzeugt hatte, dass in keiner Ecke des Wohnzimmers ein Schwelbrand vor sich hin kokelte, fragte ich mich das auch.

Mein Onkel wischte sich mit einem Stofftaschentuch, das mindestens aus dem Mittelalter stammte, den Schweiß von der Stirn und zeigte auf die Couch. »Na, dann platzt euch mal hin!«

Ich ließ den Schulrucksack fallen, schlüpfte aus meinen ausgelatschten Lieblingsturnschuhen und warf mich in die Polster.

Onkel Ignus machte ein Gesicht, als ob er uns gleich das achte Weltwunder präsentieren würde. »Wisst ihr eigentlich, dass ich dieser Tage mein 25-jähriges Dienstjubiläum bei der Feuerwehr feiere?«

»25?«, staunte Mam. »Kein Mensch sieht dir das an, Igni!«

Fette Lüge!

Trotzdem nickte er geschmeichelt. »Es wird also höchste Zeit für eine Veränderung. Mein Hausarzt hat mir dazu geraten.«

Was hatte sein Hausarzt mit seinem Jubiläum zu tun? Und was mit der Überraschung? Ich hoffte inständig, dass er auf den Punkt kam.

»Wegen meiner Knie«, erklärte er, als wäre der Zusammenhang damit sonnenklar.

Mam schenkte ihm Wasser ein. »Igni, ich verstehe nicht ganz …«

»Kälte kann bei Arthrose Wunder wirken.«

»Tatsächlich? Und ich dachte immer, Wärme.«

»Nicht bei entzündeten Gelenken. Da muss man kühlen.«

O je, Gesundheitsgespräche konnten sich in diesem Haus endlos hinziehen

und wirkten auf mich schwer narkotisch. Wenn seine Überraschung damit zusammenhing, dann konnte ich gut darauf verzichten. Ich beschloss, mich bei nächstbester Gelegenheit zu verdrücken.

Doch da sagte Onkel Ignus: »Und wo ist es wohl kälter als am Südpol?«

Bei dem Wort Südpol verdoppelte sich meine Pulsfrequenz. »Nirgends!«, entfuhr es mir und plötzlich war ich wieder hellwach. Nichts auf der Welt elektrisiert mich so wie die Antarktis. Albatrosse, Seelöwen, Kaiserpinguine, endlose Schneewüsten und das königliche Weißblau der Tafeleisberge. Meine Mitschüler träumten davon, X-Men, Iron Man oder Captain America zu sein. Ich träumte von den berühmten Polarforschern Shackleton, Amundsen und Scott.

Mam zog die Nase kraus. »Was genau willst du damit sagen, Igni?«

»Na, dass ich meinen Arbeitsplatz wechsle. Mein Chef hat sich für mich ins Zeug gelegt. Mitte November ziehe ich als Feuerwehrmann in die Antarktis.«

»Du liebe Güte!« Sie schlug eine Hand vor den Mund. »Aber wo soll es denn da brennen?«

»Es kann praktisch überall brennen, wo Menschen sind«, erklärte er im Tonfall eines Erste-Klasse-Lehrers. »Außerdem ist die Antarktis eine Wüste, also eine Eiswüste. In der extrem trockenen Luft kann sich Feuer blitzschnell ausbreiten. Ist noch gar nicht so lange her, da hat es eine brasilianische Forschungsstation erwischt. Totalschaden.«

Er seufzte. »Allerdings gehe ich natürlich davon aus, dass es NICHT brennt, wenn ich erst mal da bin.«

Nach meinen Erfahrungen mit ihm war dieser Glaube zwar so unrealistisch wie ein Eisbär am Südpol, aber im Augenblick beschäftigte mich eine ganz andere Frage. »Hast du nicht was von 'ner Überraschung für 'nen guten Schüler gesagt?«

»Richtig, Mex. Stell dir vor, auf meiner Forschungsstation brauchen sie einen zwölfjährigen Jungen.«

Moment, Moment! Hörte ich da vierblättrige Kleeblätter wachsen? Zwölf Jahre – genauso alt war ich. Wollte er damit andeuten ... Wollte er wirklich sagen, sie brauchten ...

»Mich!«, schrie ich. »Ich rufe Paps an! Er muss es auch erfahren!« O Mann, ich, Mex Ploro, im Geiste Polarforscher seit meiner Geburt, würde den Südpol erobern! Ich sprang auf und startete einen wilden Freudentanz.

»Mex? ... Mex!«, bohrte sich Mams Stimme ungewohnt scharf in meine Ohren. Mam war ebenfalls aufgesprungen. »Du glaubst doch nicht, dass dein Onkel das ernst meint?!« Händeringend wandte sie sich an ihren Bruder. »Igni, mit so was macht man keine Scherze. Du siehst ja, der Junge dreht gleich durch.«

Onkel Ignus räusperte sich. »Ich mache keine Scherze. Mex soll wirklich mitkommen.«

Fassungslos sah sie zwischen ihm und mir hin und her. »Aber ... wieso denn ein Kind?«

»Warte, das muss hier irgendwo ...« Er zog ein zerknittertes Stück Papier aus der Tasche seiner Shorts und hielt es ihr unter die Nase. »Ich habs schriftlich vom Stationsleiter: ›… freue ich mich, Sie als Brandschutzbeauftragten auf der Forschungsstation *Tutum* zu begrüßen.‹ Bla, bla, bla, hier kommts: ›… suchen wir außerdem einen etwa zwölfjährigen, körperlich und geistig fitten Jungen, der …‹«

Aber mir war völlig egal, was da stand. Ich wusste genau, wofür sie mich brauchten: als Nachwuchsforscher! Das lag ja wohl auf der Hand. Also nickte ich, was das Zeug hielt.

»Du hast es gehört, Mam. Ihnen fehlt ein Zwölfjähriger.«

»Davon gibt es genügend auf der Welt«, wehrte sie ab. »Sie suchen nicht dich persönlich. Sicher bekommen sie sehr viele Vorschläge.«

Mir wurde auf der Stelle übel. Wie sollte ich Hering mich gegen Tausende von durchtrainierten Jungs aus aller Welt behaupten?

»Möglich«, brummte mein Onkel, »aber einen Versuch ist es wert. Du kennst dich doch aus mit der Antarktis, oder, Mex? Das könnte ein Pluspunkt sein.«

»Worauf du dich verlassen kannst!«, rief ich. Und daran klammerte ich mich. Andere mochten mehr Muckis haben – ich hatte die komplette Antarktis im Hirn.

Bis zu dem Tag hatte ich Mam nur einmal am Rande eines Nervenzusammenbruchs erlebt. Das war, als ich mit drei Jahren eine Nacktschnecke in weiße Farbe getaucht und ihr erklärt hatte, das sei meine Schneerobbe Willi und Willi würde jetzt bei uns leben. Da hatte Mam nach Luft geschnappt und so komisch gefiept, dass ich gedacht hatte, gleich verwandelt sie sich in einen Pinguin. Das war dann aber doch nicht passiert. Als sie wieder halbwegs im Lot gewesen war, hatte sie sich Gummihandschuhe übergestreift, Willi mit spitzen Fingern unter den Wasserhahn gehalten, ihn in den Nachbargarten geschleudert (leider nicht zu Lonnys Seite) und so meine erste Freundschaft mit einem Antarktisbewohner brutal beendet. Gerade sah sie so aus wie damals.

Sie sank zurück auf die Couch, griff nach ihrem Glas und murmelte verstört: »Auf gar keinen Fall!«

Aber da setzte ich voll auf Paps. Früher war er um die Welt gesegelt. Irgendwas von dieser Abenteuerlust musste einfach noch in ihm stecken!

Nackt im Gefrierschrank

Beim Abendessen war Paps schon grob informiert. »Ich wusste gar nicht, dass in der Antarktis Kinder erlaubt sind«, sagte er. »Immerhin sind Hunde dort inzwischen verboten.«

»Kinder bellen nicht«, nuschelte mein Onkel mit Minimum drei Gewürzgurken im Mund. »Das hoffe ich jedenfalls.«

»Paps, es gibt ein paar Stationen, auf denen leben ganze Familien«, beschwor ich ihn. »Manchmal werden da sogar Kinder GEBOREN.«

»Du liebe Güte«, warf Mam ein. »Ist das wahr, Igni?«

Mein Onkel zuckte mit den Schultern, während er zwei hart gekochte Eier auf einmal verschlang. »Saubere Luft, wenig Verkehr, angenehmes Klima – ideal für Kinder.«

Ich grinste.

»Dann will ich auch mit!«, verlangte meine kleine Schwester Emma und sprang auf. »Ich pack meinen Rucksack.« Schon watschelte sie wie ein Adéliepinguin mit hochgereckter Nase Richtung Tür. Emma ist vier Jahre alt und eine echte Nervensäge. Wahrscheinlich hatte sie nicht mal verstanden, wohin die Reise gehen sollte.

»Setz dich wieder hin, Emma«, verlangte Mam.

Beleidigt watschelte sie zurück auf ihren Platz.

»Lern erst mal lesen, schreiben und rechnen«, knurrte ich. »Vorher kann man nämlich nicht in ein Forschungsteam aufgenommen werden.« Blöderweise lieferte ich Mam damit unfreiwillig das Stichwort.

»Eben, Mex, du musst doch in die Schule.«

Onkel Ignus winkte ab. »Das ist kein Problem. Es gibt wohl vor Ort einen Lehrer.«

»Aber reicht sein Zeugnis dafür überhaupt?«, wollte Mam auf einmal wissen.

Mist! Sie hatte es doch nicht vergessen. »Glaub schon«, nuschelte ich.

»Zeig!«

Mir blieb keine Wahl.

»Und was ist das?« Ihr Finger bohrte sich in die Vier bei Mathe.

Ich schwieg. In Mathe bin ich wirklich nicht die dickste Tomate auf der Pizza.

»Also ich denke, wichtiger ist, was er in Sport hat«, schaltete sich Paps ein.

Ich liebte ihn für diesen Satz! Hinter Sport stand eine Zwei, und es war beim besten Willen nicht zu erkennen, dass es sich um eine mit Doppelminus handelte. Der Ausdauerlauf hatte mich gerettet.

»Nicht übel«, schlussfolgerte Paps. »Aber machen wir uns nichts vor, bisher hast du nicht gerade durch Mut oder außergewöhnliche Tapferkeit geglänzt. Eher im Gegenteil, möchte ich behaupten.«

Empört funkelte ich ihn an. Bloß weil ich mich nicht auf ein Surfbrett traute und schon mal vor 'ner Blindschleiche geflohen war.

»Natürlich könnte das auch eine Chance sein«, fuhr er fort. »Die meisten zeigen erst unter Extrembedingungen ihren wahren Charakter.« Seine Augen glänzten, als ob er selbst auf einer Eisscholle zum Südpol segeln sollte. »Für wie lange wäre es denn?«

»Nur ein paar Wochen«, sagte Onkel Ignus. »Wir überwintern da unten. Ich meine natürlich übersommern. Ist ja auf der Südhalbkugel.«

Strahlend sah Paps mich an. »Mein Sohn, ich weiß nicht, wie dein Onkel gerade auf dich kommt, aber wenn einen das Abenteuer ruft, sollte man ihm folgen.«

Da hielt mich nichts mehr auf meinem Stuhl. Ich riss mir das T-Shirt vom Leib, warf die Arme in die Luft und schrie: »Süüüüüdpooool, ich komme!« Es war der schönste Tag meines Lebens.

Bis Mam den Mund öffnete. »Aber das geht nicht. Mex ist doch so eine Frostbeule.«

Paps, Onkel Ignus und ich starrten sie mit offenen Mündern an. Ihr Argument war so einfach wie brillant. Ich bin nicht nur irgendeine Frostbeule, nein, ich bin die größte Frostbeule unter der Sonne, wahrscheinlich sogar im ganzen Universum. Nur im Hochsommer fühle ich mich richtig wohl. Sobald das Thermometer unter 20 Grad sinkt, trage ich Wollsocken, bei zehn Grad abwärts auch Mütze, Schal und Handschuhe. Der Rollkragenpulli ist praktisch mein Markenzeichen. Keine Ahnung, warum ich trotzdem so auf die Antarktis abfahre, vielleicht, weil sich Gegensätze anziehen. Um ehrlich zu sein, ich hatte noch nie darüber nachgedacht, wie kalt es dort ist. Ich würde frieren. Zum Buckelwal, ja, ich würde mir den Arsch abfrieren!

»Schade«, sagte Onkel Ignus. »Das ist wirklich ein Problem.«

»Ach, Mex, so eine Chance.« Enttäuscht schüttelte Paps den Kopf.

Und ich ... schrumpfte um einen gefühlten Meter. Da bekam ich dieses einmalige Angebot und versemmelte es schon, bevor das Abenteuer überhaupt losging.

»Frostbeule, Frostbeule«, leierte Emma.

Mir fehlte die Kraft, ihr meinen finstersten Blick zuzuwerfen.

»Ein Fell«, plapperte sie weiter. »Da brauchst du ein Fell. Wie der Eisbär.«

»Emma, in der Antarktis gibts keine Eisbären«, knurrte ich. Kleine Schwestern können soooo doof sein!

Das heißt ... Augenblick mal! Ein Fell? Etwas in meinem Inneren straffte sich. Ja, die Sache mit dem Frieren war ein Problem. Aber kein unüberwindbares! »Und wenn ich meinen Körper auf Kälte trainiere?«, überlegte ich laut, obwohl sich meine Lunge, mein Herz und mein Magen schon allein bei dem Gedanken mit einer dicken Gänsehaut überzogen.

Mam sah mich an, als hätte ich ein schweres Leck im Kopf. »Das funktioniert nicht, Mex. So was ist Veranlagung.«

Doch das Gesicht meines Onkels hellte sich wieder auf. »Warum nicht? Bei der Feuerwehr werden wir in der Ausbildung auf Hitze trainiert. Und siehe da«, er wischte sich den Schweiß mit dem nackten Arm vom Gesicht, »meine Drüsen arbeiten wie kleine Hydranten. Warum soll das nicht auch umgekehrt gehen? Und Mex hat ja noch Zeit bis November.«

Yep!

»Ich fange gleich heute mit dem Training an«, versicherte ich. »Und in einer Woche sitze ich nackt im Gefrierschrank!«

Als ich an diesem Abend in mein Zimmer kam, erschien es mir wie der Eingang zum Paradies. Es sieht nämlich nicht aus wie ein gewöhnliches Zwölfjährigen-Zimmer. Zu Mams Leidwesen gibt es bei mir weder Bett noch Schrank oder Schreibtisch. Aber weil Paps findet, ein Junge muss nicht wohnen wie der Prinz auf der Kichererbse, hat sie sich damit abgefunden.

Die Hälfte des Raums nimmt ein Kuppelzelt aus UV-beständigem Ripstop vom Typ Polar Dome ein, das durch die erhöhte Eingangsluke und umlaufende Snowflaps vor eindringendem Schnee schützt und jedem Sturm gewachsen wäre. Darin liegt auf einer sich selbst aufblasenden Expedio-Isomatte (R-Wert 7!) ein Daunenschlafsack mit Trapezkammern und Wärmekragen, Komfortzone bis minus 25 Grad, außerdem eine LED-3XT-Taschenlampe, ein Ranger-Kompass und eine Silver Mountain-Gletscherbrille. Die komplette Polarausrüstung! Dafür habe ich jahrelang mein Taschengeld gespart. Die Wände sind mit Landkarten der Antarktis beklebt. Eine Bodenlampe simuliert im Dunkeln Polarlichter und ein Canvas-Seesack mit doppelten Nähten genügt, um meine wenigen Klamotten zu verstauen. Den

Fußboden bedecken weiße Papierkügelchen, die ich in monatelanger Kleinarbeit zu »Schnee« zerknüllt habe.

Ich kroch in mein Zelt, warf mich auf die Matte und träumte mit offenen Augen von meinem bevorstehenden Leben als Polarforscher. Bald würde ich durch echten Schnee stapfen, echte Polarlichter sehen, in einem echten Iglu schlafen. Ich würde Bohrproben aus dem ewigen Eis entnehmen, mit einem richtigen Skidoo über endlose Schneeebenen rasen, Pinguine, Robben und Seeelefanten beobachten, dem berüchtigten Whiteout trotzen und mindestens eine noch unbekannte Tierart entdecken, die ich nach mir benennen konnte. In kürzester Zeit hätte ich mehr Abenteuer intus als meine ganze Schulklasse in 100 Jahren.

Doch dann fiel mir der Schluss unseres Abendbrotgesprächs wieder ein. Paps hatte »jawoll« gesagt, Mam »auwei« und Onkel Ignus überhaupt nichts mehr, weil er sein rechtes Knie massieren musste. Bis Emma gekichert hatte. »Da passt du doch gar nicht rein.« Sie meinte den Gefrierschrank.

Aber da lag sie falsch. Unser Gerät nimmt mit seinen eins achtzig Höhe den zentralen Platz in der Küche ein. Mam glaubt nämlich, dass nur Tiefkühlkost frei von Bakterien und sonstigem Ungeziefer ist, weshalb 90 Prozent unserer Mahlzeiten aus diesem Monster stammen. »Wirst schon sehen: in einer Woche!«, hatte ich nur erwidert und war so cool wie möglich in mein Zimmer stolziert.

Mir musste das Hirn ausgelaufen sein! Nackt im Gefrierschrank?! Gewöhnlich öffnete ich das Ding nur in meinem dicksten Wollpulli. Doch jetzt war das Ganze so was wie ein Versprechen. Ich brauchte ein Kältetraining. Und zum Glück wohnte mein weltbester Trainingspartner direkt nebenan.

Am nächsten Morgen, unserem ersten Ferientag, war ich mit Lonny im Freibad verabredet. Dort erzählte ich ihm von meinem Problem. Wir lagen auf Handtüchern, Arme unterm Kopf verschränkt, Bäuche in der Sonne – seiner braun wie eine Kokosnuss, meiner weiß wie Schnee – als er nach meinem ausführlichen Bericht grinsend fragte: »Und du meinst nicht zufällig die Eisdiele in der Bremer, die *Südpol* heißt?«

Ich schüttelte den Kopf.

»Auch nicht die Südsee? Oder Südpolen?«

Machte er sich über mich lustig? »Den Südpol! Den einen, einzigen, echten!«, bekräftigte ich mit fester Stimme.

Zum ersten Mal in der Geschichte unserer sechsjährigen Freundschaft war Lonny sprachlos. Allerdings nur wenige Sekunden, dann stand sein Mund für den Rest des Tages nicht mehr still. »Das ist ja der Oberhammer: Du im ewigen Eis! Aber du willst mich doch nicht einfach hier sitzen lassen? Ich meine, soll ich mir vor Langeweile die Fußnägel abkauen, während du das Abenteuer des Jahrhunderts erlebst?«

»Lonny«, sagte ich, »hör mir doch erst mal zu! Vielleicht bewerben sich tausend andere darum. Und solange ich so 'ne Frostbeule bin, nimmt mich sowieso keiner mit. Genau darüber wollte ich ja mit dir …«

»O Mann!«, unterbrach er mich. »Beinahe wäre ich neidisch geworden. Aber stimmt voll: Du bist eine Frostbeule, du warst eine Frostbeule und du wirst auch immer eine Frostbeule bleiben. So was ist genetisch. Wie abstehende Ohren.«

»Isses nicht!« Mit einem Ruck sprang ich auf. »Man kann sich auf Kälte trainieren, das sagt sogar Onkel Ignus.«

Durchdringend sah er mich an. »Ich soll dir also helfen, mich in dieser ereignisfreien Zone allein zu lassen?«

Langsam verlor ich die Geduld. »Wenn ich mich nicht an die Kälte gewöhne, komme ich nie in die Antarktis. Dann kauen wir uns vor Langeweile beide die Fußnägel ab. Aber WENN ich es schaffe, bin ich in ein paar Wochen zurück und bringe so viele Abenteuer mit, dass es für mein UND dein ganzes Leben reicht.«

Lonny staunte. »Leuchtet ein.« Dann begannen seine Mundwinkel zu zucken. »Mein Daddy ist ja Sicherheitsbeauftragter im Supermarkt. Unter gewissen Umständen könnte ich vielleicht den Schlüssel zum Kühlraum organisieren ...«

Das war eine hervorragende Idee! Im nächsten Moment wurde mir klar, von welchen gewissen Umständen er sprach. Und er wusste, dass ich es wusste. Mam arbeitet für so einen Süßkramhersteller und hat immer einen anständigen Vorrat an Gummieisbärchen unter ihrem Bett versteckt. Sie glaubt, dass niemand was davon weiß, doch selbst Emma ist schon dahintergekommen und bedient sich nach Lust und Laune.

»Eine Tüte. Abgemacht?«

»Drei.«

»Zwei und keine mehr!«

»Abgemacht.« Lonny streckte mir die Hand hin. »Heute Nacht Punkt elf am Lieferanteneingang. Penn bloß nicht vorher weg.«

Grinsend schlug ich ein. »Eher schmilzt der Südpol!«

Kältetraining

Pünktlich eine Stunde vor Mitternacht stand ich bei lauem Sommerwetter in Winterjacke, Wollmütze und Chucks hinterm Supermarkt. Lonny nicht. Verflixt, wo steckte der Kerl? Zugegeben, er musste den Schlüssel besorgen, und vielleicht trug sein Vater den ja in der linken Socke oder unter der Zunge oder an sonst was für einem Ort, an den schwer ranzukommen war. In meiner Montur begann selbst ich langsam zu schwitzen. Doch gerade als ich die Kühlraumidee für gescheitert erklären wollte, schlappte Lonny in Jeans und T-Shirt um die Ecke.

»Super, mein Bester!« Anerkennend klopfte er mir auf die Schulter. »Hast Stufe eins des Lonny-Marley-Masterplans schon bestanden.« Mit großer Geste zog er ein Thermometer aus der Hosentasche und fuchtelte mir damit vor der Nase rum.

»18,4 Grad«, konnte ich mit Mühe ablesen.

Er grinste. »Ich hab hinterm Müllcontainer gestanden und gesehen, wie du geschwitzt hast. Ein guter Anfang!«

Ich schnappte nach Luft. »Du hast mich absichtlich eine halbe Stunde warten lassen?«

Selbstsicher rasselte er mit einem dicken Schlüsselbund. »Wer ist hier der Trainer?« Er streckte die freie Hand aus. »Übrigens, ich arbeite nur gegen Vorkasse.«

Ich drückte ihm die versprochenen Tüten Gummieisbären in die Hand.

Zufrieden steckte er sie ein, fummelte einen Sicherheitsschlüssel aus dem Bund, öffnete die stählerne Lieferantentür des Supermarkts und winkte mir, ihm zu folgen. Wir tauchten in einen stockfinsteren Vorraum ein, wo es metallisch roch. »Autsch!« Ich stolperte über die Tentakel eines Gabelstaplers.

Zum Glück fand Lonny in dem Moment seine Taschenlampe. »Hier lang«, er dirigierte mich zu einer weiteren Tür und schloss auf. »Unser Trainingszentrum.«

Neugierig sah ich mich um. Die Wände des Kühlraums waren vom Boden bis zur Decke gefliest. An einer Seite standen mehrere Rollregale aus Blech. Gegenüber türmten sich rote Plastikkisten mit abgepacktem Fleisch. Es war eiskalt!

»Ich hätte lange Unterhosen anziehen sollen«, murmelte ich beunruhigt.

»So was besitzt du?« Lonny stand kurz vor einem Lachkrampf. »Gestreift oder mit Blümchen?«

»Halt die Klappe! Was sagt dein schlaues Thermometer?«

Er hielt es mit ausgestrecktem Arm hoch. »Zwei Grad plus, du Zitteraal. Da kannst du gleich mit dem T-Shirt loslegen.«

»Du spinnst!«

»Also mit Pelzmütze gilts nicht.«

Zähneknirschend setzte ich die Mütze ab und öffnete in Zeitlupe den Reißverschluss meiner Winterjacke. Mit jedem Zentimeter zog sich meine Haut ein Stück mehr zusammen.

»Gut!« Lonny kramte eine uralte Stoppuhr aus seiner Hosentasche und drückte auf Start. »Zwei Minuten, dann wirfst du die Jacke ab!«

Ich konzentrierte mich auf das Karomuster der Fliesen. Sie blitzten wie frisch geschrubbt – und verwandelten sich vor meinen Augen in lauter kleine Eisschollen. Aus meinen Fingerspitzen wich das Blut.

»Los!«, verlangte Lonny.

Bibbernd schlüpfte ich aus meiner Jacke, unter der ich noch einen Wollpulli, ein wärmeres Sweatshirt, ein T-Shirt und ein Unterhemd trug. Zwiebelprinzip.

»Wie lange?«, wollte ich wissen.

»Sagen wir, drei«, entschied Lonny.

Ich schnaufte. Drei Minuten können verdammt lang sein, wenn man halb nackt in einem Kühlraum rumsteht. Die Haut unter meinen Fingernägeln färbte sich schon blau.

»Jetzt Pullover und Chucks.«

»He, wieso die Chucks?«, beschwerte ich mich. »Ich hab an den Füßen total empfindliche Haut.«

»Gehört zum Training. Los, mach schon, Mexiko, wir wollen doch nicht die ganze Nacht hier verbringen.«

Resigniert pellte ich mich aus meinen Sachen. Vorsorglich hatte ich zwei Paar Socken an, aber nach einer halben Minute schlugen meine Zähne trotzdem so hart aufeinander wie die eines Nussknackers. Ich versuchte, an etwas anderes zu denken, etwas möglichst Warmes. Mit meinem Spitznamen hatte Lonny schon die Richtung angepeilt. Ja, in Mexiko war es mit Sicherheit um einiges wärmer als hier. Entspannt auf einem Pferd durch die Kakteensteppe traben, aus der Mams stachelige Sammlung stammte ...

Eine Weile half die Vorstellung. Aber nach vollen vier

Minuten, die Lonny mir mit den Fingern anzeigte, hatten sich die Kakteen vor meinem geistigen Auge in riesige grüne Eiszapfen verwandelt. Ich schlug mit den Armen um mich, hopste auf dem kalten Boden rum und machte Gesichtsgymnastik, damit meine Wangenmuskeln nicht komplett einfroren.

»Super!«, sagte Lonny nach fünf Minuten. »Und jetzt den Rest.«

»Nie im Leben!«

»Hallo? Muss ich dir das noch mal vom Urschleim an erklären?«

»Ich ... ich brauch ... wenigstens eine ... Pppause«, presste ich durch meine kaum noch beweglichen Lippen. »Ich könnte doch kurz rausgehen und ... mich ein bisschen aufwärmen, fffindest du nnnicht?«

»Damit wir dann von vorn anfangen?« Lonny schüttelte den Kopf. »Außerdem, wo willst du dich zwischendurch mal eben aufwärmen, wenn du kopfüber in einer Gletscherspalte baumelst?«

Der Kerl war gnadenlos! Widerwillig zog ich alles aus, bis auf die Unterhose. Gar nicht so einfach mit steif gefrorenen Fingern. Und dann, als die Eiseskälte meinen ganzen Körper in die Zange nahm, blieb mir das Herz stehen. Zumindest fühlte es sich so an. Da war mir auf einmal alles schnuppe: Lonny, das Kältetraining, sogar die Antarktis.

»Ich packs nicht«, ächzte ich, schnappte mir meine Sachen, stürzte zur Tür und – stieß mit einem Schrank zusammen. Ich meine, mit einem Schrank von Mann. Er trug eine schwarze Uniform mit der Aufschrift *Security*, schwere Stiefel und einen Gürtel, in dessen Halterungen ich beim Zurücktaumeln ein Funkgerät, Pfefferspray und Handschellen erkannte. Warum hatten wir ihn nicht kommen gehört?

»Stopp!« Mit festem Griff packte er mich im Genick wie ein Kaninchen.

Ich ließ meine Klamotten fallen und schrie: »Lonny!«

Da war mein Freund auch schon neben mir. »Lassen Sie ihn sofort los!«, fauchte er. Dann hielt er dem Typen den Dienstausweis seines Vaters unter die Nase und wechselte den Ton. »Marley. Interner Sicherheitsbeauftragter. Gute Arbeit, Mann! Sie kriegen Ihr Geld nicht umsonst. Woher sollen Sie auch wissen, dass Sie ein … eine medizinische Behandlung stören.«

Hä? Ich wedelte mit der Hand zum Zeichen, dass er die Klappe halten sollte. Der Schrank brauchte nur sein Funkgerät zu benutzen, schon saßen wir auf der nächsten Polizeiwache.

Doch Lonny quatschte einfach weiter: »Also wie gesagt, ausgezeichnete Arbeit – und einen schönen Abend noch!« Er hakte mich unter und wollte mich mitziehen.

Leider hatte der Security-Typ mich so eisern im Griff, dass ich keinen Millimeter von der Stelle kam. Mit einer unheimlichen Ruhe betrachtete er uns von Kopf bis Fuß, erst Lonny, in Jeans und T-Shirt, dann mich, fast nackt und erbärmlich zitternd, nicht nur vor Kälte. »Wollt ihr Zwerge mich verarschen?«

Lonny schüttelte seine Dreadlocks. »Ganz im Gegenteil. Unser … Azubi« – dabei zeigte er allen Ernstes auf mich – »leidet seit seiner Geburt unter Hitzewallungen. Deshalb hat er den Job im Kühlraum auch bekommen, auf ärztliches Rezept gewissermaßen. Verstehen Sie?«

Der Schrank rollte mit den Augen. »Ich verstehe nur, dass ihr unerlaubt hier eingedrungen seid. Bin gespannt, was eure Eltern dazu sagen.«

Bei dieser Drohung fiel ich in mich zusammen und wäre glatt in die Knie gegangen, hätte der Kerl mich nicht am Haken gehabt. Wenn das hier rauskam, war der Südpol für mich gestrichen, darauf konnte ich meine komplette Polarausrüstung verwetten.

Selbst Lonny schien der Mut zu verlassen. Kein Wunder, denn er hatte auch noch seinen Vater in die Klemme gebracht. Mit hängendem Kopf murmelte er: »Sollen wir das Lagerfeuer dort hinterm Regal noch löschen, bevor Sie …«

»Lagerfeuer?« Unvermittelt ließ der Schrank mich los und stürmte zum hintersten Rollregal, auf das Lonny gezeigt hatte.

Im selben Moment packte mein geistesgegenwärtiger Freund mich am Arm, ich erwachte aus meiner Kaninchenstarre, griff mir meine Klamotten vom Boden und wir sausten so schnell wir konnten nach draußen.

Hinterm Müllcontainer zerrte Lonny sein Fahrrad hervor, klemmte mich vor sich auf die Stange und düste los.

Ich, der Falsche?

Die folgenden Tage verbrachte ich mit Fieber und röchelndem Husten im Bett und fürchtete ernsthaft, dass ich an einer ausgewachsenen Erkältung sterben würde, ohne je den Südpol gesehen zu haben. Mam schleppte ganze Wagenladungen Hustentee, Inhalierzeugs und Halsbonbons an. Und mindestens einmal pro Tag schlappte Lonny an meinem Iglu vorbei, um mich aufzumuntern. Das klang so: »Mein Beileid, Mexiko! Siehst echt grottig aus.«

Als ich ihn mit heiserer Stimme fragte, wieso die Polizei noch nicht aufgetaucht war, winkte er ab.

»Schätze, der Wachschutztyp litt unter Halluzinationen.«

»Und das hat dein Vater gekauft?«

»War ein Kinderspiel, ihn zu überzeugen. Schließlich hatte ich ein wasserdichtes Alibi.«

»Ach ja?«, krächzte ich. »Und was für eins?«

»Ich war hier, Mann, die ganze Zeit.«

»Hier bei mir? Ohne mich?«

»Es ist nur ein Alibi.«

»Das keiner bezeugen kann.«

»O Mann«, stöhnte er, »hat dir das Fieber die Fantasie zerkocht? Zufällig habe ich bei euch geklingelt, nachdem du zur Tür raus warst. Wegen Hausaufgaben. Dein Vater hat mich einfach hochgeschickt. Und später bin ich eben wieder rausgeschlichen.«

»Lonny, wir haben Ferien!«

»Jetzt, wo du es sagst ...« Er grinste.

Nicht zu fassen! Wenn ich nur einen Bruchteil seines Überzeugungstalents hätte, wäre ich schon dreimal in der Antarktis gewesen.

Als ich fünf Tage später immer noch schlaff wie Emmas Schlenkerpuppe auf meiner Isomatte rumhing, rückte er mit seinen Bedenken raus: »Kann doch nicht sein, dass dich schon zwei Grad PLUS umhauen. Was machst du bei echtem Frost? Gleich den Löffel abgeben?«

Ich stöhnte. »Hab ja noch ein paar Monate.«

»Logo. Aber wenn das so weitergeht, bist du einfach der Falsche.«

»Ich, der Falsche? Wovon redest du?«

Lonny machte angestrengt Fingerdehnübungen. »Hör mal, ich hab dich bisher voll unterstützt, oder?«

Ich nickte. Natürlich hatte er das. Er war mein bester Freund.

»Siehst du?« Erleichtert ließ er die Hände sinken. »Aber wir können unmöglich deine Gesundheit aufs Spiel setzen. Deine Zukunft. Dein Leben.«

»Klartext, Lonny!«

»Na ja, vielleicht ist es das Beste, wenn ICH mit deinem Onkel zum Südpol fahre. Du borgst mir deine Klamotten, ich färbe mir die Haare und ziehe mir so eine Polarmütze übers Gesicht, dann glaubt selbst deine Mutter, ich wäre du.«

»Ist nicht dein Ernst!«

»Natürlich könntest du ihn auch direkt fragen. Ich bin durchtrainiert, gesund, pflegeleicht ...«

Als ob ich das nicht selbst gewusst hätte! Rein praktisch betrachtet eignete Lonny sich für dieses Abenteuer um Klassen besser als ich. ABER: Er hatte keinen Schimmer von der Antarktis und wollte auch nicht Polarforscher werden.

»Spinnst du jetzt total?«, krächzte ich. »Das ist MEIN Schicksalsruf!« Ein Hustenanfall schüttelte mich durch und durch.

»Komm runter, war nur 'n Witz.« Lonny zeichnete mit der Fußspitze Kreise in meinen Papierschnee. »Aber im Ernst, wie willst du dich fit machen, wenn du so anfällig bist?«

Immer ins Schwarze! Ja, wie? Zum Glück hatte das Fieber meine Fantasie nicht mal ansatzweise gestreift. Durch meine grauen Zellen blitzte DIE Erleuchtung. Mit einem Satz war ich von der Matte. »Schon mal was von Sauna gehört?«

Lonny grinste. »Na also! Endlich springt dein Kreislauf wieder an.«

Die Tür zum Heizungsraum quietschte. Ich glaube, ich betrat zum ersten Mal in meinem Leben dieses enge Kabuff in unserem Keller. Meine Eltern waren auf Arbeit, Emma im Kindergarten und Onkel Ignus, der die ganze Woche bei uns verbrachte, einkaufen. So musste ich keine überflüssigen Fragen beantworten.

Außer denen von Lonny: »Dir ist schon klar, dass wir Hochsommer haben?«

»Hilf mir lieber, das richtige Ventil zu finden!« Konzentriert untersuchte ich die Heiztherme an der Wand. Ich hatte mit einem roten und einem blauen Ventil gerechnet. So war das doch auch am Wasserhahn: Rot für warm, Blau für kalt. Blöde Technik!

»Wie wärs mit dem Hauptschalter?« Lonny legte einen Hebel an der Therme von null auf eins um. Ein paar Sekunden später begann der Kasten zu brummen, die Heizung sprang an.

»Und jetzt den Temperaturregler auf volle Pulle«, sagte ich.

»Sicher?«

»Festeissicher!« Wir klatschten ab. »Morgen bin ich wie neu geboren!«

Nachdem Lonny gegangen war, hockte ich mich in meinem Zimmer vor die bollernde Heizung. Bald klebte mir das T-Shirt am Oberkörper fest, kurz danach meine Zunge am Gaumen. Irgendwann sah ich bunte Kringel in der Luft, küsste den Papierschnee und dämmerte sanft weg.

Eine dröhnende Stimme riss mich aus meinem Traum von einer üppigen Oase mitten in der Wüste.

»Soll das hier 'n Gewächshaus werden?« Das musste Paps sein.

»Mein schönster Kaktus – viel zu früh aufgeblüht.« – Mam.

»Hihi, der Joghurt blüht auch.« – Emma.

Paps polterte die Treppe hoch und riss die Tür auf. »Welcher Wahnsinnige hat die Therme angeschmissen?!« Von seinem roten Gesicht tropfte es auf den »Schnee«.

Meine Lippen fühlten sich an wie rissiger Lehm, die Zunge war mir im Mund vertrocknet. »Wasfürnetherme?«, hauchte ich.

»Die Therme, die im Winter unsere Heizung befeuert. ABER NICHT IM SOMMER! Verstehst du das, mein Sohn? Wir haben 43 Grad im Wohnzimmer. Das ist bald so viel wie in der Sauna.«

»Sssauna?« Bei dem Wort klingelte was in meinem Kopf.

»Ich meine, wenn dir kalt ist, warum nimmst du dir nicht noch 'ne Decke? Hast du da schon mal drüber nachgedacht?«

Wie sollte ich denn bei der Hitze nachdenken? Aber ... hatte er gerade »kalt« gesagt? Was mir dringend fehlte, war eine Abkühlung. Erst Sauna, dann Abkühlung. Das weiß doch jeder. Mühsam rappelte ich mich hoch, schob mich an Paps vorbei und wankte zur Treppe.

»Wo willst du hin?«, fragte er.

»Michabkühln.«

Unten an der Treppe tauchte Mam auf. »Himmel, Mex! Wie siehst du denn aus?« Hinter ihr: Emma und Onkel Ignus.

»Allesbessdens.« Ich stolperte an den dreien vorbei in die Küche und steuerte direkt auf unseren Gefrierschrank zu. Entschlossen riss ich die Tür auf. Sofort kam mir eine eisige Wolke entgegen.

»Was hast du vor?«, rief Mam voller Panik.

Aber für Erklärungen fehlte mir schlicht die Spucke. Als ich mit letzter Kraft die fünf Schubfächer im Inneren des Monsters aus ihrer Verankerung hebelte, zerplatzte eine

Tüte auf dem Fußboden. Ein Strom Erbsen ergoss sich um meine Füße. »Tudmirleid«, nuschelte ich, betrat in T-Shirt, Shorts und Hausschlappen todesmutig die leere Tiefkühlzelle und zog die Tür bis auf einen schmalen Spalt zu.

»Wo ist er?«, hörte ich Paps noch brüllen, dann stockte mir das Blut in den Adern und in meinen Ohren dröhnte das Kühlaggregat. Wars das? Würde mein kurzes Leben noch einmal im Zeitraffer an mir vorbeiziehen?

Doch schon nach wenigen Atemzügen fühlte sich mein Kopf glasklar an, meine Kräfte kehrten zurück, ich konnte die Zunge wieder bewegen. Mit Schwung stieß ich die Tür auf und … segelte Paps direkt in die Arme.

»Was machst du nur für Sachen«, murmelte er, während Mam verzweifelt versuchte, mich mit ein paar Küchenhandtüchern warm zu reiben.

Ich schluckte. Einmal, noch einmal und zur Sicherheit ein drittes Mal. Mein Hals fühlte sich staubtrocken an, aber nicht mehr so, als wäre meine Zahnbürste darin steckengeblieben. Auch der Felsbrocken auf meiner Brust musste während meiner Abkühlung runtergekullert sein, und als ich meine Stirn befühlte, war sie kalt wie der antarktische Zirkumpolarstrom.

»Es hat funktioniert!«, triumphierte ich und spuckte in hohem Bogen die Überreste von fünf Salbeibonbons aus. »Das Fieber ist runter. Ich kanns beweisen.« Vor den schockgeweiteten Augen meiner Eltern, meiner Schwester und meines Onkels ließ ich meine Arme erst vorwärts-, dann rückwärtskreisen, hüpfte von einem Bein aufs andere und trommelte mir mit den Fäusten auf die Brust ... bis ich in die Knie ging. »Wasser«, konnte ich gerade noch keuchen.

Mam hatte schon ein Glas in der Hand.

Sobald die Flüssigkeit durch meine Kehle sickerte, fühlte ich mich wieder topfit und schnellte in die Höhe. »Was ist? Die Lakota haben es bei Fieber nicht anders gemacht. Erst in die Schwitzhütte, dann in den eisigen Fluss. Nur, wo sollte ich hier mal eben Schwitzhütte und Fluss hernehmen?«

Für einen Augenblick herrschte in unserer Küche die vollkommenste Stille, die man sich nur vorstellen kann. Etwa so wie in der Antarktis, wenn die Albatrosse ausnahmsweise kollektiv den Schnabel halten.

»Ich glaube, wir modernen Menschen hören viel zu selten auf unsere natürlichen Instinkte«, legte ich vorsichtshalber nach. »Außerdem waren es doch bloß ein paar Sekunden.«

Als Erster fand Onkel Ignus die Sprache wieder. »Bravo! Ich denke, damit bist du fit für den Südpol. Übrigens habe ich heute das Okay von der Station bekommen. Sie wollen dich!«

Das klang in meinen Ohren süßer als Pinguingetröte.

Emma gackerte vor Begeisterung. »Dann wirst du Südpolförster.«

»Es heißt Polarforscher.« Flehend sah ich Mam an. »Bitte, du musst es erlauben! Ich rufe auch regelmäßig an. Das geht sogar in der Antarktis.«

Sie brachte immer noch keinen Ton raus.

Dafür grinste Paps. »Also ein Schisser ist unser Sohn wohl doch nicht.« Er klopfte mir auf die Schulter wie einem guten Freund, der gerade im Marathon gewonnen hat. »Junge, ich bin stolz auf dich!«

»Ich auch«, plapperte Emma ihm nach und reckte ihre kleine Nase in die Höhe.

Was sollte Mam jetzt noch dagegen sagen?

Sie seufzte. »Wenn du es so unbedingt willst und Ignus dich wirklich mitnehmen darf, dann muss ich es wohl erlauben. Aber …« Sie schob eine bedrohliche Pause ein.

Ich hielt die Luft an.

»… nur, wenn du zu Weihnachten wieder nach Hause kommst!«

»Yeaaaahhhh!« Ich schrie, was meine staubtrockene Stimme hergab. Weihnachten war unendlich weit weg und ich der glücklichste Mensch auf Erden!

Ans Ende der Welt

Wie im Traum segelte ich durch die Ferien und Anfang der Siebten bekam ich sogar vom Direx das Okay für meine Reise. Alles, was er dafür wollte, war ein Vortrag über die Antarktis nach meiner Rückkehr. Kein Ding!

Im September gings los mit den Vorbereitungen: Zuerst sturzlangweiliger Papierkram und Gesundheitscheck bis in die letzte Zelle, als ob ich beim Geheimdienst anheuern wollte. Das war nötig, damit niemand Keime in diese Extremwelt einschleppte oder dort schwer krank wurde. Mein kleines Frostproblem verschwieg ich vorsorglich.

Im Oktober fuhr ich mit Onkel Ignus zum Polarforschungsinstitut. In einer Art Riesenladen für Survival-Klamotten bekamen wir unsere Antarktis-Ausrüstung: pro Mann zwei knallrote Thermoanzüge mit Reflektorstreifen, dick gefütterte Siebenmeilenstiefel, Fleece- und Softshelljacken, einen Haufen fetter Socken, Mützen, Sturmmasken, Handschuhe, Thermounterwäsche und ultradunkle Sonnenbrillen.

Anfang November begannen wir unsere Sachen zu packen. Wichtig waren Powerbank und Ersatzakkus für Handy und Taschenlampe, denn in der Kälte machen die Dinger viel schneller schlapp als normal. Außerdem sollten wir eigene Bettwäsche mitbringen, weil das angeblich gut gegen Heimweh war. Ha, damit würde ich kein Problem haben!

Die restlichen zwei Wochen bis zur Abreise hüpfte ich durch die Gegend wie ein Aufziehfloh und wäre vor lauter

Vorfreude endgültig durchgedreht, wenn Lonny mich nicht immer wieder auf den Boden praktischer Überlegungen zurückgeholt hätte. Zum Beispiel, neben wem in der Klasse er jetzt sitzen sollte und ob es möglich war, die Antarktis mit einem Schlauchboot zu erreichen.

Dann kam der große Tag! Am 16. November nachmittags ging unser Flug nach Kapstadt. So hatte ich morgens noch Zeit, mich von Lonny zu verabschieden.

»Ich hab dir ein paar persönliche Tipps aus dem Lonnyversum geschickt«, sagte er und zeigte auf sein Handy. »Lad sie dir runter, falls du dort kein Netz hast, aber hör sie erst an, wenns bei dir mal klemmt.«

»Danke«, brachte ich mit belegter Stimme raus. »Ich schreib dir so bald wie möglich.«

»Klar, Mann. Bist ja nicht aus der Welt.«

»Also dann ...« Wir stießen unsere Fäuste zusammen. Ich drehte mich schnell um und ging, damit er nicht merkte, wie sehr ich schlucken musste. Heimweh hin oder her – Lonny würde ich definitiv vermissen!

Meine Familie ließ es sich nicht nehmen, Onkel Ignus und mich zum Flughafen zu fahren. Nachdem wir unsere Seesäcke am Gepäckschalter aufgegeben und uns eine extrem teure Pizza geteilt hatten, stand der Abschied an. Mam drückte mich fest an sich und konnte sich die Tränen nicht ganz verbeißen, aber sie hielt sich echt tapfer. Paps' Bartstoppeln kratzten, als er mich kurz umarmte. Das fühlte sich überhaupt merkwürdig an, denn so was hatte er schon lange nicht mehr getan.

Als ich Emma hochhob, steckte sie mir eine winzige Plüschrobbe zu, die ich ihr mal zum Geburtstag geschenkt hatte, und sagte: »Damit du beim Förstern nicht so alleine bist.« Da wurden selbst mir die Augen feucht.

Dann war es geschafft, wir checkten ein. Ab dem Moment fragte mich keiner mehr, ob ich mir die Ohren gewaschen hatte, Taschentücher benutzte, statt in den Ärmel zu rotzen, oder jedem anständig Guten Tag sagte, denn Onkel Ignus interessierte sich für solchen Elternkram nicht die Bohne.

Satte 15 Stunden würden wir mit einmal Umsteigen bis Kapstadt, Südafrika, brauchen. Mein Onkel aß an Bord eine Menge Kuchen und trank dazu literweise Kaffee. Trotzdem ließ er schon am frühen Abend seinen Kopf auf meine Schulter sinken und schnarchte geräuschvoll. Ein paar Passagiere sahen sich genervt um. Da wurde mir klar, dass mein großes Abenteuer eine kleine, aber wesentliche Schattenseite hatte: Ich würde nicht allein zu einem weltweit beachteten Polarforscher heranreifen. Ich war dabei an meinen ziemlich schrägen Onkel gekettet.

Irgendwann fiel ich selbst in einen unruhigen Dämmerschlaf, aus dem mich erst die Durchsage unserer bevorstehenden Landung riss. Ich schob das Rollo des kleinen Fensters neben mir hoch und erstarrte in andächtigem Staunen. Unter mir glänzte der gut 1.000 Meter hohe Tafelberg goldgelb in der Morgensonne. Wenig später berührten die ausgefahrenen Räder des Airbus die Landebahn. Applaus für den Kapitän! Dann betrat ich zum ersten Mal in meinem Leben den Boden eines fremden Kontinents.

Draußen war es 30 Grad heiß. Auf dem Weg vom Flughafen zu der kleinen, altmodischen Pension, in der wir übernachten würden, spendierte Onkel Ignus haufenweise Ananas, Papayas, Mangos und hundert andere Früchte, die ich vorher noch nie gesehen hatte und die von bunt gekleideten Straßenhändlern lautstark angepriesen wurden. Eins musste ich ihm lassen: Knauserig war er nicht.

Als wir am nächsten Morgen zum Hafen liefen, boten sich mehrere einheimische Touristenführer an, uns auf den Tafelberg zu begleiten, aber dafür fehlte uns die Zeit. Wir hatten Tickets für das riesige Frachtschiff *Antarctic Wonder* in der Tasche und würden als einzige Passagiere gleich Richtung Südpolarmeer aufbrechen.

Das Schiff war beladen mit Nahrungsmitteln, Instrumenten und Ersatzteilen für verschiedene Forschungsstationen. Superwichtig, denn in der Antarktis leben über den Polarsommer an die 4.000 Wissenschaftler auf etwa 100 Stationen. Im Winter, bei vollständiger Dunkelheit und bis zu minus 80 Grad, sind es immerhin noch 1.000 – komplett abgeschnitten vom Rest der Welt.

Als wir an Bord gingen, zitterten mir die Knie. Jetzt lagen nur noch 4.000 Kilometer zwischen uns und *Tutum*.

Onkel Ignus und ich teilten uns eine Kabine unter Deck, die sogar ein kleines rundes Fenster besaß. Ich hatte eine Menge Abenteuerromane gelesen, in denen blinde Passagiere in stinkenden und lärmenden Maschinenräumen Ozeane überquerten und Matrosen zu fünft übereinandergestapelt in Kojen schliefen wie in einem Bücherregal. Dagegen war das hier purer Luxus.

Je südlicher wir kamen, umso rauer wurde das schwarzblaue Meer. Gewaltige Wellen schlugen gegen den Bug der *Antarctic Wonder*, und bald hatte ich ein Problem am Hals oder besser gesagt im Bauch, auf das ich nicht im Geringsten vorbereitet war: Ich wurde seekrank. Blöderweise halfen die üblichen Pillen bei mir nicht. Ein paar Tage schleppte ich mich mit gelbgrünem Gesicht zwischen Koje und Klo hin und her, während Onkel Ignus einen auf Kreuzfahrt machte und sich mit allem vollstopfte, was die Bordküche hergab. Seine Begründung: »Auf der Station gibts dann nur noch Dosengrünkohl.« Der Vorteil: Er freundete sich mit dem Koch an und konnte auf die Art eine dicke Portion Ingwer aus der Küche abzweigen, die mich schließlich halbwegs von der Dauerübelkeit erlöste.

Bei mörderischem Seegang überquerten wir den südlichen Polarkreis. Wir sahen gewaltige schwarz-weiße Orcas um unser Schiff herumjagen und mehrere Meter hohe Wasserfontänen aus ihren zum Blasloch umgebildeten Nasen in die Höhe spritzen. Eselspinguine mit ihren typischen roten Schnäbeln watschelten über spitze Felsen, die hier und da aus dem unendlichen Ozean ragten. Sie sind kleiner als Kaiserpinguine, dafür aber die flinkeren Schwimmer. Ich zückte mein Fernglas und spähte durch unser Bullauge. Einer der Pinguine fütterte sein struppiges Junges. Ein anderer stellte sich mutig zwei räuberischen Skuas entgegen. Albatrosse mit einer Flügelspannweite von bis zu dreieinhalb Metern glitten auf der Suche nach Beute übers Meer. Wie gebannt beobachtete ich diese besondere Welt, die ich bisher nur aus Dokus kannte.

Dann gerieten wir in den Zirkumpolarstrom – die Wetterküche unseres Planeten. Er umfließt die gesamte Antarktis und sorgt dafür, dass es dort so kalt bleibt, wie es ist. Die ersten Eisschollen tauchten auf und schnell wurden es mehr. Das Schiff zerteilte sie mit seinem mächtigen Rumpf. Eindeutig, wir näherten uns dem weißen Kontinent!

In meinem Bauch kribbelte es wie an drei Geburtstagen auf einmal, als aus den Bordlautsprechern die Stimme des Käpt'ns dröhnte: »Verehrte Gäste, in weniger als zwei Stunden erreichen wir *Tutum*.«

Sofort warf ich mich in meine volle Polarmontur, was eine halbe Ewigkeit dauerte, so viel Zeug war das. Dann stolperte ich mit Sonnenbrille, um die Nase fett Lichtschutzfaktor 60 aufgetragen, an Deck – und gefror in der frostigen Luft zum Fischstäbchen. Aber was ich sah, war atemberaubend! Das Wetter hatte sich beruhigt. Die Sonne

brach durch die Wolken. Blau-, grün- und goldglitzernde Eisberge, die wie Märchenschlösser oder Triumphbögen aussahen, schipperten durchs Wasser. Winzige schwarzweiß gesprenkelte Inseln guckten wie Buckelwalrücken aus dem Meer. Königspinguine schossen torpedomäßig durch die Fluten, sprangen wie fliegende Fische aus den Wellen und landeten bäuchlings auf einer leeren Eisscholle. Glück gehabt, denn nur ein Stück entfernt dösten auf einer anderen Scholle drei Seeleoparden, die sich über die leckere Mahlzeit sicher gefreut hätten.

Das Packeis wurde dichter und endlich tauchte die Schelfeisküste vor uns auf. Ein Knistern und Knacken lag in der Luft und wurde immer lauter. Plötzlich brach mit ohrenbetäubendem Krachen ein hochhausgroßes Stück vom Schelfeis ab, taumelte durchs Wasser und verursachte eine Riesenwelle. Die *Antarctic Wonder* schaukelte. Ich konnte es nicht fassen: Direkt vor meinen Augen kalbte ein Gletscher. Ein unvergessliches Naturschauspiel!

Als ich mich wieder halbwegs gefangen hatte, entdeckte ich ein paar bunte Punkte am Horizont. Das konnte nur die Forschungsstation *Tutum* sein, das Ziel meiner Träume.

Onkel Ignus trat neben mich an die Reling. »Packen wirs an.«

Ich nickte und mein Herz schlug wie wild. Das größte Abenteuer meines Lebens konnte beginnen!

Die Chef-Überraschung

Am frühen Nachmittag ankerte die *Antarctic Wonder* in der Bucht vor *Tutum*. Ein Mann von der Crew sollte uns in einem besonders stabilen Schlauchboot, auch Zodiac genannt, an Land bringen. Außerdem gingen ein paar Säcke Mehl, ein gewaltiger Eisbohrer und ein Schlitten von Bord. Doch bevor wir das Schiff verließen, mussten wir unsere Stiefel bis zur letzten Sohlenrille schrubben, damit wir nicht aus Versehen Erdreste, Pflanzensamen oder winzige Käfer in die Antarktis einschmuggelten.

Mit dicken Schwimmwesten vor der Brust düsten wir im offenen Boot das letzte Stück übers Wasser. Beim Anlanden spritzte uns eine kräftige Ladung Gischt ins Gesicht.

Dann kam der Moment meines Lebens: Ich hob den linken Fuß über Bord und setzte ihn auf diesen irren, unfassbar schönen und rauen Kontinent. Das Knirschen des Schnees unter den Stiefelsohlen klang wie Musik in meinen Ohren. Die Sonne ließ die weiße Wüste wie ein Diamantfeld funkeln. Die Luft war so klar wie bei einer Bergwanderung und bis auf eine leichte Prise Salz geruchlos. Keine einzige Wolke stand mehr am Himmel. Selbst der Wind zupfte nur sanft an uns. Was für ein Empfang!

Der Mann von der Crew zurrte unser Gepäck, die Mehlsäcke und den sicher verpackten Bohrer auf dem Schlitten fest. »Und ihr schafft das wirklich allein?«, fragte er.

Mein Onkel griff nach der Schlittenschnur. »Sehen wir aus wie All-inclusive-Touristen?«

Der Mann lachte. »Gut, dann gebe ich den Kollegen auf der Station Bescheid, dass ihr da seid. Haltet euch dicht an der Handleine. Dann sollten die paar Meter bei dem fantastischen Wetter wirklich kein Problem sein.« Er nahm uns die Schwimmwesten ab, stieg wieder ins Boot und fuhr zur *Antarctic Wonder* zurück, die ihren Weg zu anderen Stationen gleich fortsetzen würde.

Mit einer fetten Gänsehaut auf dem Rücken betrachtete ich *Tutum*, das höchstens 100 Meter vor uns in der Sonne lag. Die etwa 20 locker in den Schnee gewürfelten orangefarbenen und grünen Container wirkten hier so fremd, als wären einem Riesen ein paar Bausteine aus der Hosentasche gepurzelt. Irgendwo da drinnen warteten die Forscher auf mich. Ich brauchte bloß einzutreten und …

»Eigentlich sollte uns der Chef abholen«, murmelte Onkel Ignus.

»Ich dddachte, wir schaffen dddas«, erwiderte ich verwirrt. Gerade hatte ich meinen Onkel noch bewundert, weil er sich nicht an die Hand nehmen lassen wollte.

»Tun wir ja auch. Aber seltsam ist es schon …«

»Vvvielleicht haben sie gerade einen Mmmeteoriten gefunden«, überlegte ich laut. »So was gggeht vor.« Entschlossen stapfte ich auf die Station zu. Immer an der Leine entlang, die rechts von mir zwischen Metallstangen im Zehnmeterabstand wie ein Geländer gespannt war.

»Warte!« Ächzend kam Onkel Ignus mit dem Schlitten hinterher. »Horch mal, Mex, was klappert denn da so?«

Als ich stehen blieb, hörte ich es auch. Ein rhythmisches Klopfen ganz in der Nähe. Ich checkte mein Umfeld, aber da war nichts.

»Dddas Eis«, murmelte ich. »Es spppricht.«

Mein Onkel runzelte die Stirn. »Junge, Junge, dreh mir nicht durch, ja?«

»Ich dddreh nicht durch. Wie kommst du dddarauf?«

»Weil Eis nicht sprechen kann.« Er zeigte auf meinen Mund. »Das bist du. Du machst das Geräusch!«

»Ich?«

»Deine Zähne. Die klappern aufeinander. Klack, klack, klack. Außerdem zitterst du am ganzen Körper.«

»Wwwahrscheinlich dddie Aufregung.«

»Nein, Mex, weißt du, was los ist? Du frierst dir den Arsch ab!«

»Kkkann nicht sein! Ich bin auf Kkkälte trainiert.«

Doch dann merkte ich selbst, wo meine Gänsehaut wirklich herkam. Die eisigste Kälte, die ich je erlebt hatte, ließ mir das Blut in den Adern gefrieren. Und das trotz härtestem Lonny-Training. Schöner Mist!

Kopfschüttelnd kramte Onkel Ignus seinen zweiten Polaranzug aus dem Seesack. »Hier, zieh den drüber. Sollte passen.«

Das war meine Rettung! Sein Ersatzanzug, der drei Nummern größer war als meiner, wärmte mir sofort die Glieder. Mein Blut taute auf, ich fühlte meinen Puls wieder.

»Danke«, murmelte ich aus tiefstem Herzen, denn ohne dieses Teil würde ich hier keinen einzigen Tag überleben.

Bei den ersten Schritten fühlte ich mich zwar noch steif wie ein Roboter, aber bald hatte ich den Dreh raus, wie ich am besten vorwärtskam.

Wir folgten der Sicherungsleine durch den Schnee bis zum ersten grünen Container. Neben der Tür hing ein Thermometer, das minus zehn Grad anzeigte. Für die Antarktis ziemlich mild.

»Mex, wie wärs, wenn du dich nach dem Chef umsiehst?«, schlug mein Onkel vor und plumpste schwer atmend auf eine Treppenstufe. »Ich halte mit der Lieferung so lange hier die Stellung.« Er zeigte auf den Schlitten.

»Geht klar.« Ich brannte sowieso vor Neugier, die Station kennenzulernen. Nur wo sollte ich anfangen? Weit und breit war kein Mensch zu sehen. In meiner Overalltasche spürte ich mein Handy. Vielleicht war das genau der richtige Zeitpunkt, um mir einen Tipp von Lonny abzuholen. Ich schob meine In-Ears unter die Mütze und tippte auf seine erste Sprachnachricht.

»Mex, alter Knabe«, klang es an diesem fremden Ort in meinen Ohren so sehr nach Zuhause, dass ich zusammenzuckte, »vertrau deinem sechsten Sinn!«

Ich runzelte die Stirn. Selbst über Tausende Kilometer Entfernung schaffte Lonny es noch, mir Rätsel aufzugeben. Der sechste Sinn, welcher war das gleich? Mein Blick blieb an einer altmodischen Bahnhofsuhr über dem Eingang zum größten Container hängen. Na logo, der Uhrzeigersinn. Damit findet man sich doch selbst durchs kniffligste Labyrinth. Besten Dank, Kumpel!

Also ging ich meine Chef-Suche ganz systematisch im Uhrzeigersinn an. Dabei hielt ich mich an die Handleinen, die hier zwischen den meisten Containern gespannt waren. Zuerst erreichte ich einen, an dem *Werkstatt* stand. Als ich die Tür öffnen wollte, leuchtete ein Display auf: *Bitte ID-Card einlesen.* Was für 'ne ID-Card? Lagerten da vielleicht ein paar antarktische Yetis, die keiner sehen durfte?

Auch beim Fuhrpark für Pistenbullys und Skidoos war niemand in Sicht. Dann erreichte ich eine durchsichtige Kuppel, in der violettes Licht leuchtete. Ein Ufo? Alter Schwede, nein! Da drinnen wuchsen Tomaten, Gurken und Salat. Ein Gewächshaus mitten in der Antarktis! Davon hatte ich schon gehört. Die Pflanzen wucherten aus großen Kisten. Ihre Wurzeln hingen in der Luft und wurden regelmäßig mit Nährstoffen besprüht. Die lila Beleuchtung brauchten sie, weil die Sonne in der Nähe des Südpols zu flach stand. Schien zu funktionieren, jedenfalls grinsten mich ein paar saftige rote Tomaten an. Mir lief das Wasser im Mund zusammen. Wenn ich hier sowieso nach dem Chef fragen sollte, konnte ich doch gleich ... *Bitte ID-Card einlesen.* Okay, okay, schon kapiert. Ich trabte zu dem Riesencontainer in der Mitte und hämmerte gegen die Eingangstür. *Bitte ID-Card einlesen.* Jetzt reichte es aber!

Mein Onkel winkte von Weitem. Also beschloss ich, erst mal einen Zwischenbericht abzuliefern. »Hier ist keiner!«, rief ich. »Außerdem brauchst du überall so 'ne komische Eintrittskarte.« Ich wackelte zu ihm und wollte die Stufe hochsteigen, auf der er saß, aber mit meinem doppelt dicken Polsterkostüm stolperte ich, verlor das Gleichgewicht und knallte gegen die Containertür – die zu meiner Überraschung nachgab. Ich segelte in einen Flur. Hey, wer sagts denn, ich war komplett ohne ID-Card hier reingekommen!

»Mi dispiace, aber die Segelflugschule ist heute geschlossen«, erklärten zwei graue Thermostiefel mit tiefer Stimme vor meinen ungläubigen Augen. Oder waren es gar nicht die Stiefel? Ich sah zu einer großen Frau mit kurzen braunen Haaren auf, die auch einen roten Polaranzug trug. »Wir ... wir suchen den Chef«, stotterte ich, während mir das Blut mit Volldampf ins Gesicht schoss.

»Soso, da habt ihr aber fortuna.«

Verwirrt rappelte ich mich hoch – und traute meinen Augen nicht. Was, zum Buckelwal, tat mein Onkel da? Er griff nach der Hand der Frau und ... o nein ... küsste sie! Hatten die ihm auf dem Schiff irgendwas in den Kaffee gestreut?

»Doktor Capellini, ist mir eine Ehre«, brummte er. »Ignus Moll mein Name. Verzeihung, ich dachte, ich hätte mit einem Mann telefoniert.«

Jetzt dämmerte es mir. Ich stand direkt vor dem Chef. Der eine Chefin war.

»Ein Gentleman am Südpol – was für eine Überraschung!« Bei »Überraschung« schleuderte sie das »R« im Hals wie in einer Wäschetrommel. »Eigentlich wollte ich euch vom Schiff abholen, aber ...« Das Funkgerät in ihrer Hand piepte. »Ja? ... Meraviglioso! Danke, Ernesto.« Dann wandte sie sich wieder an uns. »Es gab da ein Problem mit den Generatoren.«

»Wir haben spielend hergefunden«, versicherte mein Onkel. »Stimmts, Mex? – Das ist übrigens mein Neffe.«

»Benvenuto, Mex!« Sie gab mir die Hand. »Nenn mich einfach Clarissa. Auf *Tutum* sparen wir uns die Förmlichkeiten.«

»Hallo, Clarissa«, sprudelte ich los. »Ich finds megatoll hier. Und ich bin auch sofort einsatzbereit!«

»Fantastico!« Sie lächelte mit Augen, Nase, Mund und Ohren. »Aber wenn du nichts dagegen hast, zeige ich euch erst mal, wo ihr wohnt.«

In einem Affenzahn führte Clarissa uns über das Stationsgelände. Die Sonne hatte sich inzwischen hinter ein paar Wolkenstreifen verkrochen. Wind kam auf und zwickte mich brutal in die Wangen. Ich zog meinen Schlauchschal hoch über die Nase, sodass nur noch meine Augen rausguckten. So ließ es sich einigermaßen aushalten. Vor allem, weil in meinem Inneren ein Vulkan brodelte. Und schon bald brach die wichtigste Frage wie heiße Lava aus mir raus: »Clarissa, worum gehts eigentlich bei meinem Projekt?«

Für einen Moment stoppte sie und sah mich nachdenklich an. »Sagen wir … um etwas sehr, sehr Wichtiges.«

Hoppla, das klang nach einer Sondermission, wahrscheinlich streng geheim. Ob sie auf das erste antarktische Landsäugetier gestoßen waren? Auf die Überreste hoch entwickelter prähistorischer Südpolkulturen? Oder auf eine Nachricht von Außerirdischen, versteckt in einem abgestürzten Meteoriten? Ihren Juniorforscher würden sie einweihen, das war mal klar. Ebenso klar war auch, dass ich dichthalten würde. Außer Lonny würde niemand davon erfahren.

Ich nickte verschwörerisch. »Kannst dich voll auf mich verlassen.«

Lächelnd zeigte sie auf den Megacontainer im Zentrum von *Tutum*. »Das ist übrigens unsere *Oase*. Mit Bibliothek, Schwimmbad, Sauna, Fitnessstudio und Messe.«

Ich stutzte. »Messe?«

»Die Kantine der Forschungsstation.« Clarissas Funkgerät piepte schon wieder. »Impossibile, Nemo! Die roten hatten wir letzte Woche … Überraschung, genau.« Sie lächelte geheimnisvoll. »Nemo ist unser Koch. Wir trainieren für den *Antarktischen Pasta-Wettbewerb*. Letztes Jahr ist *Tutum* leider nur Zweiter geworden, aber am Samstag werden wir gewinnen! Natürlich seid ihr für diese große celebrazione eingeladen.«

Was? Ein Pasta-Wettbewerb am Südpol? Das war ja noch durchgeknallter als Tiefkühltraining im Hochsommer! Immerhin wusste ich jetzt, wofür wir die Mehlsäcke angeliefert hatten.

»Ich liiiebe Pasta!«, rief mein Onkel begeistert.

Ich grinste. »Von wegen: Es gibt nur Grünkohl.«

Als wir an der *Oase* vorbei waren, zeigte Clarissa zu einem orangeleuchtenden Container auf einem Hügel hinter *Tutum*. »Dort hinten steht unsere Wetterstation, wo wir seit vielen Jahren Klimaveränderungen aufzeichnen. Da drüben seht ihr die Trinkwasserschmelzanlage. Da schieben wir mit einem Pistenbully Schnee in ein Wasserbecken, um ihn als Trinkwasser aufzubereiten. Und da«, sie deutete auf einen grünen Container in der Nähe, »das Forschungslaboratorio. Hier analysieren wir Eis-, Gesteins- und Meeresproben, werten Beobachtungen einer Pinguinkolonie aus und untersuchen, wie sich Isolation und Reizarmut auf den menschlichen Körper auswirken.«

Mein Herz schlug schneller. »Perfekt! Dann bieg ich gleich mal ab.«

Aber Clarissa schob mich einfach weiter. »Zuerst musst du dir unser Fünfsternehotel ansehen.« Stolz zeigte sie auf ein paar lang gestreckte Blechbüchsen.

Die sahen nicht mal nach einem Stern aus, aber ich hatte so was erwartet. Auf den meisten Stationen wohnen die Forscher in ähnlichen Gebäuden wie hier. Und viel Zeit würde ich sowieso nicht in der Koje verbringen. Schließlich war ich für einen Geheimauftrag engagiert und nicht fürs Schlaflabor.

Mit einer Chipkarte öffnete Clarissa die erste Blechbüchse. Wir klopften unsere Thermostiefel ab und betraten einen Gang, von dem rechts und links Türen abgingen. Durch eine davon kamen wir in einen winzigen Flur mit ein paar Kleiderhaken an der Wand, an die wir unsere Polaranzüge hängten. Die Stiefel stellten wir darunter. Von meiner Nasenspitze löste sich ein kleiner Eiszapfen. Ein Glück, hier drinnen war es wunderbar warm!

Dann kamen wir in einen etwa zwei mal vier Meter großen Raum mit Etagenbett, Tisch, zwei Stühlen und einem hellgrünen Schrank, dem eine Tür fehlte. Offenbar unsere Schnarchbude.

»Das Frachtschiff mit den Designermöbeln ist im Februar leider vor den Sandwichinseln gesunken«, erklärte Clarissa.

Onkel Ignus trat ans Bett. »Mein Orthopäde hat mir zwar eine Zwölf-Zonen-Komfortmatratze verordnet, aber ich glaube, man muss da nicht jedes Wort auf die Goldwaage legen.« Er rüttelte am Gestell. »Mex, du hast doch nichts dagegen, wenn ich unten schlafe?«

Ich zuckte mit den Schultern. »Schlaf eh nicht im Bett.«

»Dio mio, wo denn dann?«, wollte Clarissa wissen.

Ich zeigte auf die Isomatte, die meinen Seesack krönte.
»Bins nicht anders gewöhnt.«
»Ein abgehärteter Junge, das gefällt mir!«
Und mir gefiel Clarissa. Mam hatte ich ein Jahr lang bearbeiten müssen, bis sie einsah, dass ich nur auf dieser Matte schlafen kann. Bloß mal zum Vergleich.

Clarissa gab uns zwei Chipkarten, mit denen man hier die Türen aufkriegte. Dann erklärte sie, das Gemeinschaftsbad mit Duschen läge am Ende des Ganges, Ernesto würde uns eine neue Schranktür bringen, Zoe uns zum Essen abholen und sie selbst uns jetzt allein lassen, damit wir uns einrichten konnten.

»Übrigens, bambini, also Kinder, dürfen hier nicht allein rausgehen«, ergänzte sie. »Das Wetter ist unberechenbar und ein Sturm kann schnell lebensgefährlich werden. Alles klar?«

Wir nickten.

»Gut, dann sehen wir uns morgen früh um acht in meinem Büro. Ciao, amici!«

Begeistert winkte Onkel Ignus ihr nach.

Und ich hatte Mühe, die wild steppende Ameisenkolonie in meinem Bauch zu beruhigen. Bis morgen musste ich mich noch gedulden, dann würde ich meinen Dienst als Nachwuchsforscher antreten!

Die Forschungskiste

Zunächst wollte ich die Sache mit dem Schlafplatz lösen. Mist! Meine Isomatte passte nicht zwischen Schrank und Tisch.

Onkel Ignus runzelte die Stirn. »Was machst du denn da für Stress, Mex?«

Kurzerhand schob ich den Tisch ans Fenster. »Schon erledigt.« Gut, meine Füße würden unterm Tisch liegen, aber entscheidend war, dass mein gewichtiger Onkel nicht unfreiwillig auf mir rumtanzte, wenn er nachts mal rausmusste.

So, noch Shackletons Reisetagebücher ins Regal und das Foto von Lonny an die Wand. Als ich mich probeweise auf meiner Matte ausstreckte, sah es aus, als ob mein bester Freund mir zuzwinkerte. Abgefahren!

Plötzlich öffnete sich die Tür und ein Mädchen in rotem Polaranzug trat ein. Sie war etwas kleiner als ich, aber ungefähr in meinem Alter, hatte dichte braune Haare, die ihr über die Schultern fielen, als sie ihre Schalmütze vom Kopf zog, und so ozeanblaue Augen, wie ich noch nie welche gesehen hatte. Ohne Übertreibung: Sie sah megagut aus! War sie auch als Juniorforscherin hier?

»Hi, ich bin Zoe«, stellte sie sich vor. »Lass mich raten: Ignus, der Feuerwehrheld.«

Mein Onkel strahlte bis über beide Ohren.

Ich sprang auf und streckte ihr die Hand hin. »Mex Ploro, zukünftiger Polarforscher.«

Aber Zoe schien mich gar nicht zu bemerken. Sie schnüffelte in alle Richtungen. »Hier riechts verbrannt.«

»Wirklich?« Entsetzt sah ich zu meinem Onkel, der seinen Zeigefinger in eine kleine Metalldose tunkte.

»Och, das ist nur ein bisschen Asche von ... von meinem letzten Einsatz.« Genüsslich schob er den Finger in den Mund. »Gut für die Verdauung. Willst du probieren?«

Mir drehte sich der Magen um, als er Zoe die Dose hinhielt.

Sie beschnupperte das graue Pulver, tunkte ihren Finger auch rein, leckte ihn ab und grinste. »Wow, ist echt Asche.«

Na spitze! Die beiden verstanden sich bereits bestens und ich war abgemeldet. »Solltest du uns nicht zum ...«

»... Essen abholen?« Zoe sah mich an, als wäre ich eben erst von der Zimmerdecke gefallen. »Stimmt. Fast vergessen.«

Als mein Onkel sich vom Bett erheben wollte, griff er sich an die Knie. »Autsch! Der Schlitten war ganz schön schwer. Wie wärs, wenn ihr schon mal vorgeht, hm?«

»Wir dürfen nicht alleine raus«, wandte Zoe ein.

»Sind wir doch nicht«, beruhigte ich sie. »Du und ich, das macht zwei.« Ich schob sie in den Flur und schlüpfte in meine beiden Polaranzüge.

Zoe beobachtete mich mit zusammengekniffenen Augen. »Wozu brauchst du den doppelt?«

Verflixt, dieses Mädchen war extrem neugierig! »Ein wissenschaftliches Experiment«, knurrte ich.

»Von wegen«, johlte mein Onkel aus dem Zimmer. »Mex ist die größte Frostbeule unter der Sonne.«

Danke. Vielen, vielen Dank!

Zoe kicherte. »Und da machst du ausgerechnet in der Antarktis Urlaub?«

»Ich mach keinen Urlaub. Ich arbeite hier!«

Ihre blauen Augen blitzten. »Als Rollmops?«

Grrr!

Auf dem Weg zur Messe hatte sie genauso einen Sturmschritt drauf wie Clarissa. Und das, obwohl der Wind noch schärfer geworden war. Er stach mir wie mit spitzen Eisnadeln in den schmalen Streifen Haut zwischen Augenbrauen und Wangenknochen. Ich fror erbärmlich! Leider war auch mein Doppelanzug alles andere als aerodynamisch und ich bewegte mich ungefähr so elegant über den Schnee wie ein Walross in Vollgips. Trotzdem musste ich dringend rauskriegen, was Sache war, also blieb ich Zoe so gut es ging auf den Fersen.

»Und? An welchem Projekt arbeitest du?«, keuchte ich.

»Was denn für ein Projekt?«, rief sie über die Schulter.

»Ich meine, was ist dein Spezialgebiet? Das Wetter? Vulkanausbrüche? Das Paarungsverhalten der Pinguine?«

»Müll.«

»Wie, Müll?« Gut möglich, dass ich mich verhört hatte, so dick wie meine Ohren gepolstert waren. Und vielleicht leitete die Luft bei der krassen Kälte den Schall auch schlechter.

»Na, was ... Leute so weg...«, schnappte ich auf. »Alle ... ständig ... Umwelt ... und dann doch überall im Meer ... Müll.«

»Aha«, antwortete ich vage. Ich hatte schon wieder »Müll« verstanden. »Und, macht Spaß, ja?«

»Pfff ... Wichtige Aufgabe ... Mikroplastik in Fischen, Robben, Walen ... du nicht?«

»Klar.« Ich versuchte zu nicken, aber selbst das war schwierig in meiner Kluft. »Und wie ist so die Zusammenarbeit im Team?« Ich wollte endlich was über die Forscher erfahren.

»Ich schreibe die *Tutum News* alleine«, sagte Zoe. »Da kann mir niemand reinreden. Aber meine Ma findets toll, dass es jetzt einen Blog für die Station gibt.«

Sie war hier, um einen Blog zu schreiben? Das klang wie Walgesang in meinen Ohren, denn es bedeutete: Sie war keine Juniorforscherin!

»Tolle Sache«, sagte ich. »Kannst gern auf mich zukommen, wenn du Insiderinfos brauchst.«

Dann bekam ich von der klirrend kalten Luft einen Hustenanfall.

Zoe stoppte abrupt. »Sag mal, du schleppst doch hier keine Keime ein, oder?«

»Nein, natürlich nicht. Warum?«

»Na zum Beispiel wegen der Pinguine. Die kennen unsere Viren nicht und sterben reihenweise, wenn sie sich bei uns anstecken.« Sie setzte sich wieder in Bewegung.

Dann war sie also eine Art Öko-Reporterin.

»Ich bin komplett durchgecheckt«, beruhigte ich sie, »und meine Stiefel hab ich vor der Landung auch geschrubbt.«

»Dein Glück!« Zoe lief weiter. Ich immer hinterher.

Als ein Skidoo mit zwei vermummten Polaranzugwesen an uns vorbeibrauste, nutzte ich die Gelegenheit, um vom Thema abzulenken. »Ähm ... weißt du zufällig, was die Forscher hier so als Nächstes planen?«

»Klar weiß ich das. Journalisten müssen alles wissen.«

»Dann sag«, drängelte ich.

»Sie wollen einen Süßwassersee tief unterm Eis anbohren.«

»Echt jetzt?« Meine Nerven vibrierten. Garantiert hing mein Geheimauftrag damit zusammen.

Zoe verdrehte die Augen. »Und dabei werden sie mit ihren Geräten alles verseuchen. Man kann hier nicht einfach irgendwo ein Loch reinbohren und glauben, dass es ohne Folgen bleibt.«

»Zoe, wir werden nicht einfach irgendwo ein Loch reinbohren.«

»Wieso wir?«

Beinahe wäre ich in sie reingestolpert. »Na, die Forscher und ich.«

»Spinnst du? Hilf mir lieber, diese Bohraktion zu verhindern. Sie bedroht das natürliche Gleichgewicht der Antarktis. Das kannst du nicht ernsthaft wollen.«

»Nein, natürlich nicht, äh ... ich meine die Bedrohung. Aber die Welt muss doch erfahren, was sich so Aufregendes unterm Eis verbirgt.«

»Und wenn sich da überhaupt nichts verbirgt? Ich schreibe jedenfalls einen saftigen Blogbeitrag dazu!« Zoe hatte die *Oase* erreicht, drehte sich aber noch mal um. »Also wenn

du mich fragst, lass die Finger von dieser Forschungskiste!«
Dann verschwand sie in dem Metallklops.

Nein, ich hatte sie NICHT gefragt! Genauso gut hätte sie sagen können: Hör auf zu atmen.

Ein breiter Gang mit Tischtennisplatte, Basketballkorb und Dartscheibe führte ins Innere der *Oase*. Feinster Bratkartoffelduft lag in der Luft. Immer der Nase nach erreichten wir eine Tür mit der Aufschrift *Messe*, schälten uns aus unseren Thermoanzügen und hängten sie neben viele andere an die Garderobe. Zoe trug einen weinroten Pulli zur schwarzen Hose, was ihr verdammt gut stand. Da konnte ich mit meinem grauen Rolli und der ausgewaschenen Schlabberjeans nicht mithalten.

Als ich hinter Zoe in den Speisesaal schlüpfte, schlug mir warme Luft entgegen. An den Tischreihen, die sich von der Wand bis zur breiten Fensterfront zogen, saßen in Fleecejacken oder Wollpullis um die 20 Männer und Frauen mit sonnengebräunten Gesichtern – die Abenteurer von *Tutum*. Hier also wurden frisch entdeckte Eisberge getauft, die neuesten Forschungsergebnisse ausgewertet und kühne Bohrexpeditionen geplant. Hier pumpte das Herz der Station! Weiter hinten gab es sogar eine Chill-Ecke mit Bar, Couch und Billardtisch.

Ich riss mir die Mütze von den glühenden Ohren und folgte Zoe zur Essensausgabe.

»Da bist du ja endlich!« Vor ihr tauchte ein Typ in meinem Alter auf, der ihr sehr ähnlich sah. Er hatte die dunklen

Haare vorn mit reichlich Gel zu einer Spitze geformt. Zur hautengen Jeans trug er ein blitzweißes Sweatshirt. »Musstest du wieder die Welt retten oder hattest du ein Exklusivinterview mit einem Eisbären?«

»Eisbären leben am Nordpol«, erwiderte Zoe. »Du lernst es wohl nie.«

»Ach, Schwesterchen«, er legte ihr den Arm um die Schultern, »schrecklich, dass du immer alles besser weißt!«

Ich rückte zu den beiden auf und erwähnte beiläufig: »Das größte echte Landtier hier ist die flügellose Zuckmücke.«

Der gelackte Typ drehte sich um. »Wie jetzt, noch so 'n Oberschlauer?«

»Das ist Mex, der Neue«, sagte Zoe. Und zu mir: »Mein Bruder Aron.«

Aha, ihren Bruder hatte sie also auch mitgebracht.

»Hi!«, grüßte ich knapp. »Hast du zufällig 'ne Ahnung, wer von den Leuten hier zum Forschungsteam gehört?«

Aron zog die rechte Augenbraue mindestens einen halben Meter hoch, was echt schräg aussah.

»Mex will Polarforscher werden«, erklärte Zoe mit übertriebener Betonung, woraufhin sich sein Gesicht verzog wie unterm Zahnarztbohrer.

»Freiwillig? Du meinst, du bist gern an einem Ort, wo nix, niente, nullamente los ist? Wo es keine Klamottenläden gibt, keinen Imbiss, noch nicht mal 'n Kino und wo alle in diesen unförmigen Watteanzügen rumlaufen wie Boxsäcke?«

»Hier gibts doch eine Million spannendere Sachen als Klamotten und Kino«, erklärte ich.

Ungläubig schüttelte Aron den Kopf. »Wenn du es spannend findest, von einer Schneelawine begraben zu werden, beim Pinkeln am Eis festzufrieren oder in eine Gletscherspalte zu rutschen – herzlichen Glückwunsch!«

»Jetzt fang nicht wieder mit deinen Horrorvisionen an«, mischte sich Zoe ein. »Mex ist ja gerade erst angekommen.«

»Ich sag nur die Wahrheit.«

Was war denn bei dem kaputt? Wahrscheinlich hatte er eine Überdosis Katastrophenfilme gesehen.

»Und warum bist du hier, wenn du es so oberöde und gefährlich findest?«, hakte ich nach.

»Anordnung von oben. – Auf was für Musik stehst du? Hast du zufällig Popcorn dabei?« Er führte eine Art Stroboskop-Tanz auf. »Niente? Armes Frostland. Ich hau ab, sobald ich kann. Hab so Motorschlitten rumfahren sehen. Ultrakrasse Dinger, sag ich dir!«

»Skidoos fahren aber nicht übers Meer«, wandte ich ein.

»Kluges Kerlchen! Dafür solls auf der Nachbarstation einen Hubschrauber geben. Und wusch ... bin ich weg!« Er nahm einen Teller mit Bratkartoffeln in Empfang und verschwand. Zoe folgte ihm, ebenfalls mit Bratkartoffeln.

Auf dem nächsten Teller wuchs ein grüner Brei zu einem kleinen See an. Entsetzt starrte ich auf den Typen hinter der Essensausgabe.

Das Team:

»Hi, ich bin Nemo«, sagte er. »Und du musst Mex sein. Tut mir leid, Bratkartoffeln sind aus, aber der pürierte Grünkohl aus unserem Gewächshaus schmeckt auch ganz prima.«

»Entengrütze ist mein Lieblingsessen«, knurrte ich und trabte samt Teller auf den Tisch zu, von dem aus mein Onkel winkte. Er saß zwischen ein paar Männern und erzählte gerade die Story von unserem verkohlten Weihnachtsbaum. Super Stimmung! Zwei Frauen ihm gegenüber rückten für mich zusammen.

»Was hab ich dir gesagt, Mex? Grünkohl!«, erklärte Onkel Ignus mit Blick auf meinen Teller. »Zum Glück gibts hier Taxis, so hab ich noch was Vernünftiges bekommen.«

Wie sich rausstellte, hatte sein Tischnachbar Jan, ein sehniger Zweimeterriese mit kurzen blonden Haaren, ihn auf dem Skidoo mitgenommen, das an Zoe und mir vorbeigerauscht war.

Jan musterte mich aufmerksam. »Dein Onkel sagt, du willst Polarforscher werden.«

Ich nickte. »Muss nur noch das Forschungsteam finden.«

»Da bist du bei uns goldrichtig.« Er zeigte in die Runde. »Betty ist Biochemikerin, Linh Meteorologin, Viktor Glaziologe und Amir Seismologe. Ich bin Geophysiker und leite das Team.«

»Wow!« Der Reihe nach betrachtete ich die Gesichter der Frauen und Männer am Tisch. Linh hatte kinnlanges schwarzes Haar, Betty trug einen blonden Pferdeschwanz, Viktor einen Vollbart und Amir eine Brille mit dünnem Goldrand. Natürlich sahen sie komplett verschieden aus, aber doch irgendwie alle ganz normal. Bis auf dieses gewisse Leuchten in den Augen, das uns verband.

»Ich … ich bin als Juniorforscher hier«, legte ich los. »Ich kenne mich total aus mit der Antarktis, weiß, wie man Iglus baut und wie gefährlich das Whiteout ist. Tröten wie ein Pinguin kann ich auch. Shackleton ist mein großes Vorbild und ich hab sämtliche Fachberichte zum Thema

Polarforschung gelesen.« Meine Stimme überschlug sich, so sehr war ich in Fahrt.

»Dann bist du ja die perfekte Unterstützung für uns«, sagte Jan und es klang kein bisschen ironisch.

Yep! Das war MEIN Mann!

Also steuerte ich gleich frontal aufs Ziel zu. »Ich hab von der Bohrexpedition gehört. Wie ist die Wetterlage? Wann können wir starten?«

Auf seiner Stirn bildeten sich tiefe Querfalten. »So eine Expedition ist kein Spaziergang, Mex. Hier im Eis kann ein einziger falscher Schritt tödlich sein.«

»Klar, weiß ich doch. Ich kann auf mich aufpassen.«

»Mag sein. Aber es gibt strenge Vorschriften.«

»Wie überall. Also, wann gehts los?«

»Mex ist gelegentlich etwas überspannt«, warf mein Onkel ein. »Macht Stress, statt die Extraferien zu genießen.« Er zeigte auf meinen Teller. »Dabei solltest du lieber ordentlich futtern. Dann frierst du auch nicht mehr so leicht.«

Ich warf ihm einen finsteren Blick zu.

»Weißt du, Mex«, fing Jan wieder an, »wer an so einer Expedition teilnimmt, hat eine jahrelange Fachausbildung hinter sich und ein Training im Survivalcamp.«

Hatte er Fachausbildung gesagt? Gut, ich besaß dafür kein Zeugnis, aber in dem Punkt machte mir niemand was vor. Ich war DER Antarktisexperte! Alles, was mir fehlte, war dieses Survivaldingsda. Und das konnte ja wohl nicht so schwer sein.

»Wie lange dauert denn so ein Training?«

»Drei Tage und zwei Nächte im selbst gebauten Iglu.«
»Und wenn ich das habe, bin ich dabei?«
»Wenn du alt genug dafür bist ...« Er lächelte.
Logisch war ich alt genug, ich war schließlich zwölf! Jetzt schmeckte mir sogar die Entengrütze. Ich brauchte nur noch eine Schneesäge und schon würde ich mit dem Survivalding loslegen!

Definitiv uncool

Der Rückweg mit Onkel Ignus kostete mich Überwindung. Ich fror trotz Doppelanzug. Was, wenn ich mich nicht an die Eiseskälte gewöhnte? Aber aufgeben, so kurz vor dem Ziel, kam überhaupt nicht infrage! Also stemmte ich mich gegen den Wind und konzentrierte mich auf meinen Plan.

In der Schnarchbude kaute ich meinem Onkel beide Ohren ab, wie großartig diese Bohrsache werden würde und dass ich vorher nur noch fix ein Iglu bauen musste. Ich beschrieb ihm, wie ich große Klötze aus dem Eis sägen, im Kreis versetzt übereinanderschichten und dann durch den unterirdischen Eingangstunnel geschmeidig in mein erstes selbst gebautes Schneehaus gleiten würde. Er sagte gelegentlich »Hm …« oder »Jaja …« und dann, er müsse mal »eine Runde am Kopfkissen horchen«.

Während er einschlief, machte ich mich ans Sachenpacken. Plötzlich ging die Tür auf und ein bis an die Zähne bewaffneter Typ Mitte 20 kam rein. Er trug eine Batterie Schraubenzieher, einen Hammer und eine Bohrmaschine am Gürtel, eine Stichsäge über der Schulter und eine Flachzange rittlings auf dem linken Ohr. Seine langen Haare hielt er mit einem Stirnband zurück. Unter seinem rechten Arm klemmte eine signalrote Tür. Innerhalb einer Sekunde hatte er den Raum gescannt, meinen schlafenden Onkel und den kaputten hellgrünen Schrank entdeckt. Er legte einen Finger auf die Lippen, setzte gekonnt die neue Tür ein, schwang sie hin und her und nickte zufrieden. Das konnte nur Ernesto sein, von dem Clarissa vorhin gesprochen hatte.

»Schöne Farbe«, flüsterte ich. »Die Schnarchbude kanns vertragen.«

»Hi, Mex«, flüsterte er zurück. »Du bist der jüngste Forscher, den ich je gesehen habe.«

Woher wusste er von mir?

»Hat Jan erzählt«, sagte Ernesto, als könnte er mühelos Gedanken lesen.

»Und was machst du hier so?«, wollte ich wissen. »Also außer Schranktüren ersetzen.«

»Alles, was anfällt. Fahrzeuge checken, Heizung warten, die Trinkwasserschmelzanlage mit Schnee befüllen, Pistenbullys fahren, manchmal auch die Nudelmaschine reparieren … und natürlich Musik.«

»Was für Musik?«

»So Richtung Reggae, aber meistens improvisiere ich einfach. Zum Beispiel auf der Ukusaune.«

»Uku... was?«

»Ein neues Instrument, 'ne Art Kreuzung aus Ukulele und Posaune. Hab ich selbst erfunden. Wenn du in meiner Werkstatt vorbeikommst, zeig ich sie dir.«

»Unbedingt! – Sag mal, gibts hier WLAN?«

»Klar. Passwort ist ›Schnarchbude‹.«

»›Schnarchbude‹?«

Grinsend tippte er sich an die Schläfe und zischte ab.

Ich beschloss, seine Werkstatt-Einladung so bald wie möglich anzunehmen. Dann suchte ich per Handy das WLAN, gab das Wort ein, von dem ich dachte, ICH hätte es erfunden, und setzte eine allererste Nachricht ab:

Hey Lonny,
besten Dank für deinen Tipp Nummer 1. Hat mir schon geholfen. Die Antarktis ist der Hammer! Riecht nach Entdeckung und Bratkartoffeln. Eben kam Ernesto vorbei, ein cooler Mechaniker, der Musikinstrumente erfindet. Aber es gibt auch ein paar nervige Sachen.
Hier meine Top 3:
1. Draußen ist es zehnmal so kalt wie in meinen schlimmsten Albträumen.
2. Aron, so ein komischer Panik-Typ, und Zoe, seine Öko-Schwester
3. Grünkohl

Dafür hab ich vorhin beim Essen den Megatreffer gelandet. Ich sag nur: Jan – Leiter des Forschungsteams. Er will mich mit auf Bohrexpedition nehmen. Muss nur noch so einen Survivaltest bestehen. Den braucht hier jeder. Ein Kinderspiel, schätze ich. Also, halt die Stellung!
Mex

Dann rief ich meine Eltern an. Mam wollte wissen, ob die warmen Sachen reichten, ob ich genug aß und es mir auch wirklich, wirklich gut ging. Paps fragte, ob ich schon irgendwelche Abenteuer erlebt hätte, und Emma, ob es hier echte Pinguine gäbe. Erst sagte ich dauernd Ja, dann ein paarmal Nein und zwischendurch musste ich mich seltsamerweise ziemlich oft räuspern. Als ich aufgelegt hatte, blinkte im Handydisplay eine Nachricht.

Hallo Mex,
dir ist hoffentlich klar, was du für ein sagenhaftes Glück hast. Hier wirds langsam matschig und es ist voll öde, sich allein die Fußnägel abzuknabbern. Sag Bescheid, wenn Jan noch einen Ersatzmann braucht. Du weißt, meine Talente kennen praktisch keine Grenzen und mein Schlauchboot ist frisch geölt. Nur für den Fall, dass bis zu meiner Landung irgendwelche Probleme bei dir auftauchen – ich stehe rund um die Uhr in Bereitschaft. So, und jetzt knabbere ich weiter, bis du dich wieder meldest.
Gruß aus Ödland
Lonny

Das tat gut! Ich sah aus dem Fenster und stellte mir vor, welchen Spaß ich hier mit ihm haben könnte. Draußen war es noch taghell, obwohl mein Wecker zehn Uhr abends anzeigte. Polarsommer eben. Ich zog das schwarze Rollo runter, streckte mich auf der Isomatte aus und ... konnte ewig nicht einschlafen. Schafe zählen war da keine Hilfe. Selbst als ich auf Pinguine umstieg, brauchte ich noch bis dreitausendachthundertfünfund...

Ich wachte sehr früh auf, zog das Rollo hoch und blinzelte gegen die Sonne einem fantastisch klaren Tag entgegen. Hoppla, wer war denn da oben an der Wetterstation schon vor mir auf den Beinen? Um den orangefarbenen Container watschelte irgendwas herum, das mich stark an meine kleine Schwester erinnerte. Ich schnappte mir mein Fernglas und erkannte einen jungen Kaiserpinguin. Er hatte den typischen grauen Federflaum, aber auf seiner Brust leuchtete

ein runder weißer Fleck. Das war ungewöhnlich. Keine Ahnung, ob es sich um ein Männchen oder Weibchen handelte, jedenfalls beschloss ich, das Watschelwesen Emma zu nennen und in Zukunft ein Auge darauf zu haben.

Bis um acht war noch Zeit, also checkte ich meine Survivalausrüstung: Taschenlampe, Gletscherbrille, Fernglas und so weiter. Dann weckte ich meinen Onkel.

Mit zusammengebissenen Zähnen kämpfte ich mich in seinem Windschatten durch den Schnee.

Wir waren pünktlich in der Zentrale, aber Clarissa saß schon über einen Ordner gebeugt an ihrem Schreibtisch. Sie hob den Kopf. »Bene, dann können wir gleich anfangen.«

Unauffällig sah ich mich um. Ihr Büro ähnelte dem von Paps. Nur dass an den weißen Wänden keine antiken Maschinenbaupläne hingen, sondern gerahmte Dokumente wie *Stationsordnung, Ehrenurkunde der Überwinterer* und *2. Platz im Antarktischen Pasta-Wettbewerb*. Außerdem jede Menge Gruppenfotos voller roter Polaranzüge und Jahreszahlen. Hinter Clarissas Schreibtisch klebte eine riesige Antarktiskarte, darunter hing ein Brett mit Schlüsseln, über denen *Skidoos* stand.

Auf einmal öffnete sich eine Seitentür mit einem roten Kreuz drauf. Heraus kamen Aron und Zoe.

»Ich glaube, meine Kinder habt ihr gestern schon kennengelernt«, fuhr Clarissa fort.

Verdattert guckte ich zu den beiden. Ihre Kinder?

»Sie sind letzte Woche angekommen«, fuhr sie fort, »und werden die nächsten Monate hier leben.«

Mannomann, die hatten den Sechser im Lotto gezogen! Gleich ein paar Monate. Ich schätze, ich wurde blass vor Neid.

»Das ist so uncool«, protestierte Aron. »Dad hat mich ja gewarnt, dass *Tutum* ein Kuhdorf ist, aber in echt ist es noch viel schlimmer!«

Hatte der noch alle Stecker in der Dose?

»Dio, du willst mir doch nicht ständig mit diesem Gemaule in den Ohren liegen?«, erwiderte Clarissa.

Na, wenn das keine günstige Gelegenheit war, auf mein Thema zu kommen. »Hab gehört, es gibt eine Bohrex...«

»Ich will einfach mit meinen Freunden abhängen«, unterbrach mich Aron und fuchtelte mit seinem Tablet rum.

»Also eine Bohrexpedition«, setzte ich wieder an. »Jan meinte ...«

»Un secondo, Mex«, sagte Clarissa. »Aron, dafür gibts hier Dinge, die du sonst nirgends bekommst.«

»Meinst du Schnee bis zum Abwinken und Viecher, die man normalerweise nur im Zoo findet?« Er verdrehte die Augen. »Leider alles nicht mein Ding.«

Clarissa lächelte unbeeindruckt. »Ich habe da an was Nützlicheres gedacht: eine Brandschutzausbildung. Wenn auf der Station ein Feuer ausbricht, ist das sehr gefährlich.«

Wie bitte? Ich guckte so blöd aus der Wäsche wie Aron.

Sie zog eine Mappe aus ihren Unterlagen, auf der in Großbuchstaben *IGNUS MOLL* stand, und blätterte darin.

»Ignus«, wandte sie sich an meinen Onkel, »ich sehe, du bist bestens qualifiziert für diese Aufgabe, deshalb wirst du ihnen alles Nötige beibringen.«

»Ich? Aber das … das sind Kinder!«, japste er.

Wie jetzt, mein Onkel sollte den Lehrer spielen? »Ich glaubs nicht.« Aron sah richtig geschockt aus.

Zoe dagegen fand die Idee: »Super! Unterricht bei einem echten Helden!«

Tja, vielleicht war das der springende Punkt: Da hatte mein Onkel all die Jahre Menschen gerettet und jetzt sollte er zwei Kinder unterrichten. So hatte er sich das garantiert nicht vorgestellt. Zoe und Aron waren allerdings auch nicht zu beneiden. Sie würden sich den Hintern platt sitzen, während ich die Wunder der weißen Wüste erforschte.

»Und was genau soll ich ihnen beibringen?«, murmelte Onkel Ignus.

»Nichts Kompliziertes«, versicherte Clarissa. »Erste Hilfe, Retten und Bergen, Alarmübungen, Verhalten bei Gefahr – was man hier eben so braucht. Nur ein paar Stunden am Tag, dann hast du noch genügend Luft, auf die stazione aufzupassen. Ich kann mich doch auf dich verlassen?«

Mein Onkel nickte ergeben. »Stets zu Diensten, Chefin.«

Unruhig war ich auf meinem Stuhl hin- und hergerutscht, aber jetzt wurde es höchste Zeit, mich wieder ins Gespräch zu bringen.

»Gestern Abend hab ich mit Jan gesprochen«, begann ich noch mal von vorn, »wegen dieser Bohrexpedition, zu der er mich mitnehmen will. Am besten …«

»Caro mio, was willst du denn bei der Bohrexpedition?« Mit hochgezogenen Augenbrauen sah Clarissa mich an.

»Na, meinen Job als Nachwuchsforscher antreten.« Leise fügte ich hinzu: »Der Geheimauftrag.«

»Mex, wie alt bist du?«

Ich hasse rhetorische Fragen. Sie hatte exakt einen Zwölfjährigen gesucht, oder etwa nicht?

»Eben.« Mit einem Knall schlug sie die Mappe zu. »Du nimmst natürlich am Unterricht teil.«

Mir klappte die Kinnlade runter. Das konnte nicht ihr Ernst sein! War ich mit Lonny wie ein Krimineller in den Supermarkt eingebrochen, hatte ich unser Haus zum Schrecken meiner Eltern in eine Sauna verwandelt und eine Woche sterbenselend in der Schiffskoje gehangen, um einen Brandschutzkurs zu besuchen? Niemals!

»Aber die Juniorforschungsstelle«, beharrte ich.

»Da muss ich dich enttäuschen«, sagte Clarissa. »Hier gibts nur Profis.«

»Ich BIN Profi!« Mir brannten die Augen. »Warum bin ich denn sonst überhaupt hier?«

»Ganz einfach. Mein Sohn braucht Gesellschaft. Ein bisschen Spaß. – Nicht wahr, Aron?«

Nicht zu fassen, ich sollte den Pausenclown spielen!

Auch Aron schnaufte. »Ma, er interessiert sich nur für Schneekram. Wie soll ich mit dem Spaß haben?«

»Vorsicht, Mann!«, protestierte ich.

Beschwichtigend hob Clarissa die Hand. »Und ich wette, in ein paar Tagen seid ihr dicke amici. Freunde, meine ich.«

›Im Leben nicht‹, dachte ich exakt in dem Moment, als Aron es aussprach.

Einen kleinen Vorteil schien das Ganze aber doch zu haben: Hier gab es offenbar keinen Schulunterricht.

»Euer normaler Unterricht beginnt erst in zwei Wochen«, verkündete Clarissa, als hätte ich laut gedacht. »Per Videoconferenza. Wir haben hier nämlich keine Lehrer.«

Auch das noch!

Dann piepte mal wieder ihr Funkgerät. Es schien keine gute Nachricht zu sein, jedenfalls schnappte sie sich ihren Erste Hilfe-Koffer, sagte was von »Fußverletzung« und »… auch Stationsärztin …« und dass wir nach dem Frühstück nebenan in der Krankenstation mit dem Unterricht loslegen könnten. Sie zeigte auf die Tür mit dem roten Kreuz und sauste davon.

Na super! Jetzt sollten wir uns tatsächlich zu dritt den Hintern platt sitzen, statt die schärfsten Abenteuer des Universums zu erleben. Aber nicht mit mir! Dann würde ich eben ohne die Chefin einen Weg zur Bohrexpedition finden. Denn zumindest in dem Punkt musste ich Aron recht geben: Eine Brandschutzausbildung am Ziel meiner Träume – das war definitiv uncool!

Survivaldingsda

Nach unserem Frühstück in der Messe begann der merkwürdigste Unterricht, den ich je erlebt hatte. In der Krankenstation neben Clarissas Büro warf Aron sich auf den Zahnarztstuhl, spielte am Tablet *Zombiedisco* und verdrückte nebenbei eine Tüte Chips.

Zoe quetschte meinen Onkel über seine Arbeit aus. Und als hätte der nur darauf gewartet, legte er richtig los mit seinen Heldengeschichten: wie er mal 200 Fußballfans in der Halbzeitpause aus einem brennenden Stadion befreit, eine Kindergartengruppe mit einem einzigen Springseil vor einer Sintflut gerettet und ein Pferd vom Dach eines Hochhauses geholt hatte. Klang, als hätte er mindestens den Feuerwehrnobelpreis verdient.

Und ich? Überlegte, was Lonny wohl dazu sagen würde, dass ich im Grunde nur für ein paar Wochen die Schule gewechselt hatte. Kopfhörer ins Ohr und zweite Nachricht gestartet: »Wenn die Umstände mal gegen dich sind, dann nimm deinen ganzen Mumm zusammen und zeig ihnen, was in dir steckt!«

Yep, recht hatte er. Wenn ich dieses Survivalding hinbekam, würde Jan mich auch zur Expedition mitnehmen. Was hielt mich also noch hier?

»Mex, warum grinst du so?«, hörte ich plötzlich die Stimme meines Onkels.

»Sauerstoffmangel«, improvisierte ich. »Könnten wir nicht mal 'ne Pause einschieben?«

»Geniale Idee!«
Er seufzte. »Ich brauche dringend eine Portion Polarluft.«
Und ich wusste, was ICH brauchte: Ernestos Hilfe!

Draußen vor der Zentrale schnaufte Onkel Ignus wie ein Walross. »Was für ein fantastisches Wetter! Ich glaube, ich gehe hier nie wieder weg.«
Für die Antarktis war es geradezu tropisch. Nur fünf Grad unter null.
Zähneklappernd schielte ich zur Werkstatt gegenüber. »Onkel Igggnus, ich hab Ernesto verspppprochen, kurz vorbbbeizuschauen. Bin sofort zurück, okkkay?«
Mein Onkel musterte mich von Kopf bis Fuß. »Du willst da alleine hingehen?«
»Sind doch bloß 20 Mmmeter. Außerdem ist kein Sturm.«
»Na schön, mein Junge. Eine Viertelstunde hast du.«
»Dddanke.« Ich stapfte los.

»Du kommst bestimmt wegen der Ukusaune«, freute sich Ernesto, als ich die Werkstatt betrat.

»Äh … klar.« Ich musste ja nicht gleich mit der Klinke über die Schwelle stolpern, oder wie das heißt.

Er holte einen Kasten aus einem Regal und hob das seltsame Instrument so behutsam raus, als wären es die Kronjuwelen der Queen. Es besaß eine Art Gitarrenkörper mit einem Mundstück an der einen Seite und einem Metalltrichter an der anderen. Liebevoll strich er darüber.

»Sie ist noch nicht ganz fertig. Willst du trotzdem schon was hören?«

»Na immer!«

Er klopfte einen Takt vor, dann trötete er in das Mundstück und zupfte gleichzeitig an den Saiten. Klang wie Staubsauger auf Quietschpappe.

»Interessant, oder?« Erwartungsvoll sah er mich an.

»Hm … nicht so das Übliche«, tastete ich mich vor.

Er nickte zufrieden. »Wer interessiert sich denn heute noch für Harmonien? Um das Neben-der-Spur gehts, findest du nicht, Mex?«

»Leuchtet irgendwie ein.«

»Weißt du, ich will eine Band gründen«, fuhr er fort. »Wie siehts aus – bist du dabei?«

Ups, damit hatte ich nicht gerechnet. »Ehrlich gesagt«, druckste ich rum, »ich kann gar kein Instrument.«

»Können, können.« Er lachte. »Irgendwas mit Geräuschen wirst du doch schon mal gemacht haben.«

Ich überlegte angestrengt. »Zählt Topfschlagen?«

»Na bitte, du übernimmst das Schlagzeug! Dann brauchen wir nur noch einen Bass und wir sind komplett. Hey, wann machen wir die erste Probe?«

»Ist das nicht ein bisschen überstürzt?«

Ernesto schüttelte den Kopf. »Du musst das Eisen schmieden, solange es heiß ist.«

»Ja, hab ich auch schon gehört. Ach, bevor ichs vergesse: Kannst du mir zufällig eine Schneesäge leihen?«

»Wofür brauchst du die denn?«

»Jan sagt, vor dem Bohrcamp muss ich so ein Survivaldingsda machen und ein Iglu bauen.«

Er runzelte die Stirn. »Weißt du auch, dass man dafür mehr braucht als eine Schneesäge?«

»Meinst du Fernglas, Taschenlampe, Schneebrille, Schlafsack, Isomatte und so was? Alles schon am Start.«

»Ich meine eher Seile, Stricke, Kocher, Wasserkessel, Trockenfutter – halt einen Haufen Überlebenszeug.«

»Schon klar. Für ein RICHTIGES Camp. Ich mach eher so den Schnelldurchlauf.«

Ernesto musterte mich kritisch. »Am besten du kapierst es gleich: In der Antarktis gibts keinen Schnelldurchlauf.« Mit einem kräftigen Ruck wuchtete er etwas unter seiner Werkbank hervor. »Aber zufällig habe ich hier eine Überlebenskiste. Da ist nicht nur 'ne Schneesäge drin, sondern auch die volle Ausrüstung für zwei Leute. Das ist es, was du brauchst!«

Schockiert beugte ich mich über den fetten Metallkasten. Sollte ich vielleicht noch mal mit 'nem Gabelstapler vorfahren?

»Wir schnallen das Ding auf einen Schlitten«, erklärte er.
So langsam wurde mir mulmig, nicht nur wegen der Kiste.
»Ernesto, hast du schon mal so ein Camp mitgemacht?«
»Aber sicher. Ist 'ne spannende Sache. Vor allem, weil du den anderen blind vertrauen musst.«
»Welchen anderen?«
»Du willst das doch nicht allein durchziehen ... Mex?«
»N...natürlich ... nicht«, stotterte ich.
»Gut. Dein Onkel ist vermutlich dabei. Habt ihr schon weiße Eimer?« Ernesto fand zwei Stück hinter einem Vorhang und drückte sie mir in die Hand.

Was bitte sollte ich mit weißen Eimern?
»Die müsst ihr euch auf den Kopf setzen, um einen Schneesturm zu simulieren«, erklärte er. »Dann bindet ihr euch mit einem langen roten Seil aneinander, damit unterwegs keiner verloren geht.«

»O danke, aber ich glaube, wir haben irgendwo Eimer«, nuschelte ich. Jeder würde fragen, was ich mit den Dingern wollte, wenn ich damit durch die Station lief. Und eins hatte ich nach Clarissas Ansage jedenfalls nicht vor: mit einem Eimer überm Kopf in den *Tutum News* zu landen.

»Ohne Eimer keine Kiste, ohne Kiste keine Schneesäge.«
Flehend sah ich Ernesto an. »Aber ich brauche die Säge!«
»Ich weiß.«
Das war grundbescheuert!
Er seufzte. »Hör zu, Mex, der Bully, mit dem wir zum Bohrcamp fahren, wäre ja groß genug. Da würdest du locker mit reinpassen, aber was die Chefin sagt, ist eben Gesetz.«

Moment mal!

»Du fährst mit?«

»Sicher doch. Ich bin der Chauffeur.«

Ein verrückter Gedanke schoss mir durch den Kopf. »Echt, ich freu mich voll für dich. Wann gehts denn morgen los?«

»Gleich früh um sieben.«

»Na, dann viel Spaß!« Ich rannte zur Tür. »Bin gespannt auf deinen Beri-hicht!«

Draußen lief ich Zoe, Aron und Onkel Ignus in die Arme.

»Was hast du denn so lange gemacht?«, fragte mein Onkel.

»Wir wollten im Unterricht gerade über Klimaschutz reden«, ergänzte Zoe. »Allein das Abschmelzen des Pine-Island-Gletschers …« Plötzlich vibrierten ihre Nasenflügel. Sie nahm Witterung auf. »Wofür brauchst du die weißen Eimer?«

»Äh …« Ich guckte auf meine linke Hand, in der ich blöderweise immer noch die beiden Dinger hielt. Lonny, eine Eingebung! In-Ears unter die Mütze gefummelt und unauffällig die nächste Sprachnachricht angetippt: »Wenn dir das Wasser bis zum Hals steht – zieh den Stöpsel.«

O danke, Kumpel, du bist und bleibst unschlagbar!

»Ernesto hat gesagt, in unserer Schnarchbude ist … Wasser ausgelaufen«, erklärte ich. »Die Eimer brauche ich zum Aufwischen.«

»Ach du Schreck! Kann ich helfen?« Zoe sah echt besorgt aus.

»Nein, nein, so schlimm ist es auch wieder nicht. – Gehen wir?« Ich hakte mich bei meinem Onkel ein.

»Und der Unterricht?«, wollte Zoe wissen.

»Wir machen nachmittags weiter«, erwiderte er. »Bis dahin wird der Gletscher ja wohl noch durchhalten.«

Sie runzelte die Stirn. »Das sagt ihr Erwachsenen immer!«

»Mittagspause ist doch cool«, mischte sich Aron ein. »Komm, Schwesterchen, 'ne Runde chillen.«

In Zweierreihe marschierten wir Richtung Schnarchbude. Wie sich rausstellte, wohnten Zoe und Aron nämlich im selben Container wie wir. Und erst drinnen im Warmen fiel mir auf, dass ich draußen vor lauter Anspannung gar nicht gezittert hatte.

»Hm, scheint alles schon getrocknet zu sein.« Erwartungsvoll sah Onkel Ignus mich an.

Ich seufzte. »Die Eimer waren eigentlich für mein Survivalcamp.«

»Dieses Training, von dem Jan dir erzählt hat?«

»Genau.«

»Mex, ich würde dir ja gern helfen, aber du kannst nicht allein aus der Station raus. Ich habe deiner Mutter versprochen, gut auf dich aufzupassen, und das tue ich auch. Außerdem …«, er fixierte die Eimer in meiner Hand, »habe ich für die Dinger eine viel bessere Verwendung.« Schon schlüpfte er aus dem Hosenteil seines Polaranzugs und auch aus seiner langen Thermounterhose. Dann zog er die geblümten Bermudashorts über.

Verständnislos guckte ich auf seine rot behaarten Beine.

»Willst du an den Strand?«

»Nicht ganz.« Onkel Ignus grinste. »Komm, sei so gut und hilf mir.« Er fuhr in seine Stiefel, griff sich einen Stuhl und schob mich samt Eimern wieder nach draußen in die Kälte. »Wir machen Schnee rein, ja?«

Geschockt sah ich erst ihn an, dann meine nackten Hände. Blöderweise hingen meine Handschuhe drinnen an der Garderobe.

»Und wwwozu?«

»Für mein kleines persönliches Wellness-Center. Pass auf!« Er stellte den Stuhl vor die beiden Eimer und richtete ihn zur strahlenden Mittagssonne hin aus.

Ich vergrub die Hände tief in den Taschen meines Overalls.

»Worauf wartest du, Mex?«

»Ddder ... der Schnnnee ist ... vvviel zu ... kkkalt!«, presste ich hervor.

Kopfschüttelnd warf er mir seine Handschuhe zu.

Ich hatte keine Wahl. Also schlüpfte ich rein und half ihm, die Eimer vollzuschaufeln. Dass seine Hände dabei nackt waren, schien ihn überhaupt nicht zu stören.

Pinguin Emma von der Wetterstation beobachtete uns interessiert. Was sie da wohl so allein ohne ihre Kumpels suchte? Ich winkte ihr, dass sie herkommen sollte, da tippelte sie davon. Schade.

Als wir fertig waren, ließ mein Onkel sich in seinen Shorts auf den Stuhl plumpsen, schlüpfte aus den Thermostiefeln und stellte je ein nacktes Bein in einen Schneeeimer. Ich erstarrte vom bloßen Zusehen!

»Tolle Erfrischung«, brummte er. »Sag mal, warum warst du eigentlich so lange bei Ernesto?«

»Er will 'ne Bbband gründen. Mit mir.«

»Prima, mein Junge! Das gefällt mir viel besser als diese Forscherschnapsidee.«

»Dddas ist keine Schnapsidee«, protestierte ich.

Mein Onkel lehnte sich zurück. »Weißt du, warum ich hier bin? Um nach 25 Dienstjahren endlich den ganzen Stress loszuwerden.«

»Wwwie meinst du dddas?«

»Sieh dir das viele Eis an. Hier wird es nicht brennen.«

»Aber hast du nnnicht selbst gesagt, überall, wo Mmmenschen sind ...«

»Ach, vergiss es. Ich werde 'ne ruhige Kugel schieben. Bisschen unterrichten und Feierabend. Und du bist ein Glückspilz, weil du mir Gesellschaft leisten darfst.«

Ruhige Kugel? Ich warf ihm einen empörten Blick zu. »Ddda hätte ich auch zu Hause bleiben kkkönnen!«

Er betrachtete mich von Kopf bis Fuß. »Hättest du nicht, stimmts?«

Ich dachte an meinen Plan und grinste.

Blinder Passagier

Nachmittags hielt Zoe im Unterricht einen Vortrag über diesen Gletscher. Klar wusste ich eine Menge über den Klimawandel. Aber dass dadurch sogar das Schelfeis schon von unten angefressen wurde, war mir neu. Mir leuchtete sofort ein, dass der Gletscher dann schneller ins Meer abfließen, der Meeresspiegel ansteigen und das Wasser irgendwann auch über unsere Küsten schwappen würde. Ein akutes Problem!

»Ich kümmere mich drum«, sagte ich.

»Du?« Zoe kräuselte die Nase.

»Zusammen mit dem Forschungsteam«, ergänzte ich. Klar konnte ich das nicht alleine wuppen. »Gleich nach der Bohrexpedition schnappen wir uns die Gletschersache. Verlass dich drauf!«

Keine Ahnung, warum Zoe nur den Kopf schüttelte.

Dann brachte Onkel Ignus uns ein paar ortstypische Rettungsgrundlagen aus seinem umfangreichen Heldenarsenal bei: Eisschollenhopping mit Hilfe einer Leiter, Absetzen von Rauchzeichen aus einer Gletscherspalte, stabile Seitenlage für Pinguine und all so was. Krankenliege und Labortisch dienten erst als Eisschollen, dann – zusammengeschoben – als Gletscherspalte, und Aron, der sowieso mehr oder weniger schlief, als Pinguin. Zoe war voll bei der Sache, während ich im Stillen an meinem Plan feilte.

Irgendwann hatten wir es geschafft. Für den Rest des Tages blieben mir nur noch zwei Aufgaben: meine Eltern anrufen und Nachricht an Lonny absetzen.

»Hi, Mam«, grüßte ich ins Handydisplay.

»Liebling, wieso hast du dich nicht eher gemeldet?«

»Oh ... äh ... ich hatte massig Unterricht.«

»So schnell schon? Das ist ja großartig!«

»Ja. Onkel Ignus ist unser Lehrer.« Ich unterdrückte ein Gähnen. »Wir können hier alle viel von ihm lernen. Über Rettungseinsätze und so.«

»Ich wusste es.« Sie strahlte. »Bei meinem Bruder bist du in den besten Händen.«

Emma drängelte sich ins Bild und wiederholte ihre Standardfrage. »Hast du einen Pinguin gesehen?«

»Ja, einen. Der läuft genau wie du.«

»Und sonst?«, meldete sich Paps. »Nicht die klitzekleinste Spur von einem Abenteuer?«

Mams Augen weiteten sich vorsorglich.

Ich schüttelte den Kopf. »Viel los ist nicht auf der Station. Ich arbeite mich in die Abläufe ein, esse eine Menge, wegen der Kälte, und gehe früh schlafen.«

Paps sah enttäuscht aus, aber Mam strahlte wieder. »Ich vermisse dich so, Liebling!«

»Ich euch auch, aber jetzt muss ich Schluss machen. Onkel Ignus will mit mir noch den Stundenplan für morgen durchgehen.« Ich legte auf und tippte los.

Hi Lonny,
die Sache läuft! Morgen starte ich mit den Forschern auf Bohrex. Ernesto nimmt mich im Bully mit. Da kann ich mir das Survivaltraining sparen. Zu blöd, dass du nicht dabei bist. So eine Expedition ist ein gigantomanisches Abenteuer. Halt aber bei meinen Eltern dicht, ja? Ich erzähls ihnen lieber erst hinterher.
Grüße
Mex

Lonny antwortete kurz und bündig.

Du bist der Hammer! Ich verspreche hiermit feierlich, nie wieder an dir zu zweifeln.
Bye
Daumenhalter Lonny

Vor Aufregung hatte ich in der Nacht kaum ein Auge zugetan und war müde wie ein Seeelefant nach erfolgreicher Antarktisumrundung, als um halb sieben leise der Wecker piepte. Ich warf mir meine wärmsten Klamotten über und vergewisserte mich, dass Emma ihren Morgenspaziergang machte.

Onkel Ignus räkelte sich. »Wo willst du so früh hin?«

Ich zuckte zusammen. »Äh ... nur kurz vor die Tür. Vielleicht krieg ich den kleinen Pinguin von der Wetterstation vor die Linse. Für meine Schwester. Sie steht doch so drauf.«

»Alles klar«, murmelte er und schlief im Nu wieder ein.

Ich griff nach meinem gepackten Rucksack, schlüpfte in die zwei Polaranzüge und stapfte los.

Der Himmel war bedeckt, die Kälte schneidend. Ich musste mich an der Handleine festhalten, um von dem kräftigen Wind nicht einfach umgepustet zu werden. Vorwärtszukommen war so anstrengend, dass ich fast nicht fror. Für einen kurzen, schwachen Moment überlegte ich ernsthaft umzukehren. Aber dann dachte ich an Lonny.

»Du schaffst das, Mexiko!«, murmelte ich stumm vor mich hin. Schneeflocken blieben an meinen Wimpern hängen, meine Augenlider brannten.

Endlich erreichte ich den Fuhrpark und lugte unauffällig um die Ecke der Einfahrt. Ernesto polierte gerade den rechten Seitenspiegel eines dicken Pistenbullys 301 Polar. Die blaue Passagierkabine saß getrennt vom roten Fahrerhäuschen auf schweren Stahlketten. Ich kannte diese Bullys bis ins Detail. Sie machten nicht mehr als 20 Stundenkilometer, über Sastrugi, diese vom Wind in den Schnee gefrästen Rillen, sogar nur zehn. Damit würden wir zum Bohrcamp etwa eine Stunde brauchen. Ich musste mich also gut verstecken. Geduckt lief ich zum Einstieg auf der linken Seite der Passagierkabine. Ich kletterte die kleine Steigleiter hoch, öffnete die Tür und schlüpfte rein. Oh, glatt vergessen, dass dabei drinnen automatisch das Licht angeht. Zum Glück war es draußen auch hell. Ich hoffte inständig, dass niemand meinen inoffiziellen Zutritt bemerkt hatte.

»Hallo? Bist du das, Jan?«, rief Ernesto.

Mist! Ich warf mich flach auf den Boden. Rechts und links zogen sich zwei Sitzbänke für je vier, fünf Leute entlang. Lautlos klappte ich den Deckel der rechten Bank hoch. Der Hohlkasten darunter war randvoll mit Werkzeugen und Kanistern. Mit der linken Bank hatte ich mehr Glück. Sie war leer, bis auf eine Wolldecke. Ich zog sie auseinander und fand – Ernestos Ukusaune. Na gut, mussten wir uns den Kasten eben teilen.

Blitzschnell stopfte ich meinen Rucksack ans andere Ende, schlüpfte aus dem zweiten Polaranzug und breitete ihn als Polster aus. Dann kroch ich selbst in die Bank, legte mich auf den Rücken – Arme auf den Bauch, so schmal war die Kiste – und schloss den Deckel. Sofort war es duster. Bomm, bomm, bomm, wummerte das Blut in meinen Schläfen. Verflixt, wie kam hier überhaupt Luft rein? Vielleicht durch diesen schmalen Schlitz im Sperrholz, durch den auch ein dünner Lichtstrahl fiel? Ich tastete ihn ab. Yep, das war meine Rettung!

Zu schade, dass Lonny mich nicht sehen konnte. Ob er noch einen hilfreichen Spruch für mich hatte? Vorsorglich steckte schon ein Knopf in meinem Ohr.

»Ein gutes Frühstück ist die Basis für einen erfolgreichen Tag«, raunte Lonny mir zu.

Hallo, woher wusste der Kerl, dass ich noch nicht gefrühstückt hatte?

Kurz darauf öffnete sich die Kabinentür. Schritte näherten sich.

»… irgendein Wackelkontakt mit dem Licht«, hörte ich Ernesto von draußen. »Ich sehe mir das gleich an.«

Ha! Der Wackelkontakt war ich.

»Gut«, erwiderte Jan, »aber wir müssen pünktlich los. Das Wetter schlägt bald um.«

»Wenn wir Sturm kriegen, können wir notfalls hier drin übernachten.« Das war Bettys Stimme.

»Also ich schlafe diesmal nicht in der Kiste!« Viktor. Etwas krachte auf meine Bank. Vermutlich saß er jetzt direkt über mir. Seine Stiefel trommelten gegen mein Versteck.

Nee, Leute, hier war schon besetzt! Puh, so was von eng. Kein Wunder, wenn mir die Arme am Bauch festwuchsen.

»Alles in Ordnung mit dem Kabel«, meldete sich Ernesto wieder. »Wir können starten.«

Na bestens, sogar die Technik war auf meiner Seite.

Kurz darauf sprang der Motor an. Ich spürte das Ruckeln der Ketten auf dem Eis in jedem einzelnen Knochen.

Der Bully schien gut voranzukommen. Bestimmt hatten wir die Station schon hinter uns gelassen. Auf einmal fing die Kiste an zu holpern. Wahrscheinlich die ersten Sastrugi-Wellen. Autsch! Irgendwas Hartes drückte gegen meinen Kopf. Ah, die Ukusaune. Wollte Ernesto die Band im Bohrcamp gründen? Okay, dafür, dass er mich inkognito mitnahm, würde ich sogar auf der Sitzbank trommeln.

»Ehrlich gesagt, mir tut Mex leid«, hörte ich Jans Stimme. »Er wollte unbedingt mit zum Camp.«

Ich spitzte die Ohren. Hatte er es sich doch noch überlegt?

»Ja, so viel Begeisterung erlebt man selten«, erwiderte Betty. »Für die meisten Menschen ist das hier einfach ein riesiger Haufen Eis.«

Ein Haufen Eis? Leute, da steckt Weltgeschichte drin! Grüße aus der Steinzeit und all so was. Am liebsten wäre ich gleich aus meinem Versteck gesprungen, aber ich wollte ihnen die Überraschung im Camp nicht verderben. Klar, Ernesto würde erst mal aus allen Wolken fallen und Jan mir der Form halber eine Standpauke halten. Dabei wäre er insgeheim froh, mich dabei zu haben, spätestens, wenn sich der Bohrkopf in 500 Metern Tiefe festfraß. Keiner der Forscher war dünn genug, in den Schacht hinabzusteigen. Blieb nur ich, der Retter der Expedition. Da verstand es sich praktisch von selbst, dass der dreiköpfige Oktopus, den wir da unten finden würden, zum Dank nach mir benannt wurde. Ich grinste. Genau genommen war das Ganze ein Selbstläufer.

»Ich hab uns was zum Frühstück besorgt«, sagte Viktor. »Bedient euch!«

»O danke.« Betty atmete tief ein. »Tolle Idee!«

Eine Tüte raschelte, dann drang auch schon der Duft durch den Lüftungsschlitz: Buttercroissant! Vor wie vielen 100 Jahren hatte ich das zuletzt gegessen? Mein leerer Magen fing sofort an zu rumpeln. Besten Dank für die Warnung, Lonny! Angestrengt presste ich meine Ellenbogen gegen den Bauch.

»Was war denn das für ein merkwürdiges Geräusch?«, meldete sich Jan.

»Sicher der Wind«, meinte Betty.

Ich hielt mich so reglos ich konnte, aber aus meinen Eingeweiden grummelte es nicht mehr nur leise, nein, es heulte wie eine Hundemeute.

»Das war aber nicht der Wind«, stellte Viktor fest.

Gefrostetes Elend! Könnte jetzt nicht mal ganz ausnahmsweise ein Eisbär vor dem Bully auftauchen?

»Also ich hör nichts«, erwiderte Betty.

»Doch, es kommt hier aus der Bank«, beharrte Viktor.

»Ein blinder Passagier?« Sie lachte.

»Sieh einfach nach«, schlug Jan vor.

Instinktiv versuchte ich, zur Ukusaune unter die Decke zu rutschen, aber natürlich ging das in dem engen Kasten nicht. Und es war auch schon zu spät. Der Deckel meines Verstecks hob sich. Drei ungläubige Augenpaare blickten auf mich herab.

»Kneif mich mal in den Arm, Betty«, sagte Viktor. »Ich glaube, ich habe eine Halluzination.«

»Glaube ich nicht«, erwiderte Betty. »Unser begeisterter Nachwuchs hat sich tatsächlich als blinder Passagier eingeschlichen.«

Jan atmete schwer. »Verdammt, Mex, was hast du hier zu suchen?«

»Aber ... du hast doch vorhin selbst gesagt ...«, stotterte ich.

Nein, so wie er mich ansah, tat ich ihm gerade kein bisschen leid.

»Ich ... ich dachte, etwas Musik im Bohrcamp könnte nicht schaden.« Verzweifelt griff ich nach der blöden

Ukusaune und trötete rein. Leider wurde mir davon schwindelig.

»Seht nur, wie blass er ist«, kam Betty mir zu Hilfe und brach die Hälfte von ihrem Croissant ab. »Ich glaube, er braucht eine kleine Stärkung.«

Dankbar griff ich nach dem Leckerbissen und verschlang ihn bis auf den letzten Krümel. Dafür hatte sie echt was gut bei mir.

Dummerweise war Jan weder von meinem musikalischen Beitrag noch von meiner Rettung vor dem Hungertod beeindruckt.

»Sag mal, hast du ernsthaft geglaubt, mit der Nummer kommst du durch?« Er zückte sein Funkgerät. »Clarissa, wir haben ein Problem!«

Über eine Baumwurzel stolpern

Also kehrte der Bully mit voller Besatzung um. Ein Zeitverlust für die drei Forscher, der auf mein Konto ging. Jan wollte natürlich wissen, wie ich auf die Idee gekommen war. Ich zuckte nur mit den Schultern. Aber Ernesto, den sie wegen der Planänderung in der Fahrerkabine anfunkten, nahm es sofort auf seine Kappe. Das hatte ich nicht gewollt!

Vielleicht hängte Jan die Sache deshalb nicht an die große Bimmel, als er mich bei Clarissa ablieferte. Trotzdem konnte sie es nicht fassen.

»Mex, wir sind hier wie eine Familie«, erklärte sie, »und in einer Familie hat man keine Geheimnisse voreinander. Wenn du was willst, dann sag es und tu es nicht einfach hinter unserem Rücken!« Sie knüllte ein Blatt Papier zusammen und pfefferte es in den Mülleimer.

»Aber ... aber ich hab doch gesagt, dass ich mit auf die Expedition will«, verteidigte ich mich.

»Naturalmente.« Kopfschüttelnd kam sie um den Schreibtisch herum. »Nur gibt es auch Dinge, die kann man zwar wollen, aber nicht gleich bekommen. Sie stehen im Schaufenster deines Lebens und warten darauf, dass du erwachsen wirst.«

»Das dauert doch noch ewig«, schniefte ich.

Sie legte mir die Hände auf die Schultern. »Und es geht kein bisschen schneller, wenn du die Scheibe einschlägst.« Ihr Funkgerät piepte. »Wieso die Nudelmaschine? ... Dio, dann soll Ernesto sie reparieren, bevor er wieder zum

Bohrcamp fährt! Wir haben nur noch drei Tage!« Sie schaltete aus. »Mex, damit du auf andere Gedanken kommst, wirst du heute das Postamt übernehmen.«

Ich wollte gar nicht auf andere Gedanken kommen, sondern zum Bohrcamp! Aber nein: Ich sollte in diesem engen, fensterlosen Raum gegenüber von Clarissas Büro hocken, stapelweise Papierkram ordnen und eine Kiste Briefe stempeln, als wären wir hier noch im 20. Jahrhundert. Wie ich erfuhr, fand diese nostalgische Aktion für die Liebsten in der Heimat jedes Jahr ein paar Wochen vor Weihnachten statt. Mit einem abgrundtiefen Seufzer machte ich mich an die Arbeit.

Die Stunden zogen sich wie Nasenrotz. Ob Lonny mich aufheitern konnte? Ich tippte auf die nächste Nachricht und lauschte seiner Stimme:

»Vergiss nicht, wenn Plan A schiefgeht, gibt es immer noch Plan B bis Z.«

Im Moment wäre ich schon froh gewesen über eine winzige Ahnung von Plan B.

Mittags schleppte Clarissa eine Riesenschüssel Spirelli an. Und sie brachte Aron mit, ausnahmsweise ohne Tablet. Wahrscheinlich sollte das so ein Anfreundedings werden. Aber nicht mit mir!

Sobald sie wieder abgerauscht war, schmiss er sich auf den zweiten Stuhl. »Ich hasse Nudeln!«, maulte er, obwohl ich nicht danach gefragt hatte. »Früher gabs bei uns keine einzige Mahlzeit ohne.«

Ich legte den Poststempel weg. Das klang paradiesisch. »Auch nicht Frühstück?«

Er schüttelte den Kopf. »Milchnudeln.«

Was hatte er für ein Problem? Liebend gern hätte ich meine heimatliche Tiefkühlkost gegen sein Pasta-Vollprogramm getauscht.

»Ich könnte mich opfern und die Schüssel übernehmen«, bot ich an und stierte sehnsüchtig auf die noch dampfenden Nudeln.

»Bedien dich«, sagte er. »Ich frag nachher Nemo, ob er mir 'n paar Buletten brät. Der versteht das.«

Erleichtert stopfte ich mir eine Handvoll Spirelli in den Mund. »Deine Mutter nicht?«

»Die ist total fixiert auf ihre Nudeln.«

Ich kaute und kaute, bis das Kneifen in meinem Bauch nachließ.

»Warum wollte Clarissa dann, dass ihr herkommt?«, fragte ich.

Aron bekam zwei steile Falten auf der Stirn. »Weil meine Eltern sich getrennt haben. Ich glaube, mein Vater konnte einfach keine Nudeln mehr sehen. Jetzt wohnen wir abwechselnd bei ihm und bei ihr, immer für ein paar Monate. Mit dem feinen Unterschied, dass bei ihm jede Menge Spaß erlaubt ist.«

»Verstehe.« Was war ich für ein Glückspilz, dass meine Eltern sich noch liebten und Paps nicht mehr um die Welt segelte! Sonst müssten meine Schwester und ich am Ende auch die Hälfte des Jahres auf einem Schiff verbringen. Und das, wo ich so leicht seekrank wurde.

»Hast du dich echt in der Sitzbank versteckt?«, wollte Aron wissen.

»Yep.«

»Cool, Mann.«

Ich winkte ab. »Siehst ja, was es mir gebracht hat.«

Die Hände in den Hosentaschen, kam er zu meinem Stempeltisch. »Weißt du, Mex, vielleicht könnten wir sogar echt Freunde werden, ich meine, wenn ich länger hier wäre ...«

Ich nickte mit vollem Mund. »Schon okay. Hab selbst genug um die Ohren.« Zum Beweis stempelte ich noch ein paar Briefe. »Wie weit bist du eigentlich mit deinen Skidoo-Plänen?«

Arons Augen leuchteten, als er sich auf dem Tisch niederließ. »Die Dinger sehen nicht kompliziert aus. Wie Mopeds, nur auf Kufen. Fehlt bloß ein Zündschlüssel.«

»Würdest du wirklich abdüsen?«

»Klar, Mann, sofort. Es ist nur ...« Er zögerte.

»Was?«

»Na, mal rein theoretisch: Wenn nun der Sprit nicht reicht oder der Motor ausfällt ... Im Ernst, es sollen schon Leute in dieser Eiswüste festgefroren sein. Irgendwann treiben die dann in so einem Tiefkühlblock aufs Meer raus, der schmilzt im Sommer und was wird aus ihnen? Fischfutter.«

Ich verdrehte die Augen.

»Oder denk mal an diese Riesenraubmöwen«, fuhr er fort. »Nicht, dass ich vor den Schreihälsen Schiss hätte, aber ...«

»Ja, vielleicht fällt dir auch ein Meteorit auf den Kopf oder du stolperst über eine Baumwurzel.«

Verblüfft sah er mich an. »Hier gibts doch gar keine Bäume.«

»Eben.«

Für einen Moment blieb es still. Dann fing er an zu glucksen. »Du bist schon witzig, Mann.«

Ich stopfte mir die letzten Nudeln in den Mund, warf die abgestempelten Briefe in den Karton zurück und schob ihn unter den Tisch. »Schätze, das wars für heute. Zeit für einen Gruß in die Heimat.«

Aron seufzte. »Wem sagst du das!«

Synchron zückten wir unsere Handys. Während er leise fluchend die nächsten coolen Aktionen mit seinen Freunden zu Hause absagte, schrieb ich an Lonny. Ich brauchte dringend seinen Rat! Allerdings beschloss ich, die nackten Tatsachen ein wenig zu verpacken. Schließlich musste nicht mal er wissen, dass ich die Sache momentan nicht ganz im Griff hatte.

Hi Lonny,
es ist zum Polkappenschmelzen! Bei einer Tarnübung habe ich mir Arme, Beine und Kopf verrenkt. Und jetzt ist das Bohrteam schon unterwegs. Klar brauchen sie mich, nur ist der Shuttleservice gerade ausgefallen. Irgendeine zündende Idee, wie ich die Sache vorantreiben kann?
Mex

Ich vermisse ihn, sehr sogar! Seine Antwort kam prompt.

Aber sicher, mein Bester!
Der gute alte Lonny hat immer ein paar erstklassige Ideen, um egal welche Sachen voranzutreiben.
Hier kommt eine kleine Auswahl:
1. Jeder ist bestechlich. Du hast nicht zufällig noch einen Vorrat an zuckersüßen Gummiraubtieren im Gepäck, die dir ein Freiticket zum Camp verschaffen könnten?
2. Schon mal drüber nachgedacht, deine eigene Expedition aufzuziehen? Richtig mit Mannschaft und so? Immerhin bist du ein knallharter Profi.
3. Wieso schnappst du dir nicht einfach irgendeinen fahrbaren Untersatz und ab die Post?
Also, Mexiko, kurier deine Verrenkungen und mach die

Sache mit dem Weltruhm klar! Dann kann ich wenigstens jedem erzählen, dass ich den grooooßen Mex Ploro kenne. Wär übrigens nett, wenn du mich dann auch noch kennst. ;-)

Nein, ich hatte kein Schmiermittel dabei und wen sollte ich wohl für eine eigene Expedition anheuern? Aber für drittens hätte ich ihn knutschen können. Das war so gut wie Plan B bis Z auf einmal. Ja, wieso fuhr ich eigentlich nicht hinterher? Was Aron sich nicht traute, konnte ich doch wohl schon lange! Alles, was ich dafür brauchte, war … na? Richtig, ein Zündschlüssel.

Am späten Nachmittag erlöste Clarissa mich endlich vom Stempeldienst. Äußerst zufrieden betrachtete sie die leere Nudelschüssel.
 Dann nahm sie Aron und mich mit zur Messe, wo wir meinen Onkel trafen. Ich aß ein paar Löffel Suppe, mehr ging nicht. Mein Bauch war viel zu voll.
 Auf dem Weg zur Schnarchbude rechnete ich mit einem Verhör, doch Onkel Ignus erwähnte meinen kleinen Ausflug mit keinem Wort.
 Bis er eingeschlafen war, blätterte ich in Shackletons Reisetagebuch. Als ich ein leises Schnarchen hörte, schnappte ich mir meinen Rucksack, warf Lonnys Foto einen verschwörerischen Blick zu und schlich hinaus.
 Draußen war es so neblig, dass ich mich an den Handleinen entlangtasten musste, um mich nicht zu verirren.

Zum Glück konnte mich dadurch auch niemand so allein hier rumstapfen sehen. Als ich die Zentrale erreichte, hatte ich kalten Schweiß im Nacken.

Die Tür zum Büro stand offen. »Äh … hallo, Clarissa«, grüßte ich verwirrt. Es war abends nach acht und sie saß schon wieder am Schreibtisch. Sie musste eine Menge Arbeit haben.

»Mex, was machst du hier? Bist du etwa allein hergekommen?«

»Nein«, log ich. »Mein Onkel wartet draußen. Er genießt die Kälte.«

»Gut, wie kann ich helfen?«

»Ich … ich bin mir nicht sicher, aber ich glaub, ich hab beim Poststempeln ein paarmal den *Tutum*-Stempel mit dem *Erledigt*-Stempel verwechselt. Jetzt mach ich mir Sorgen, dass die Post nicht ankommt.«

»Va bene, ich seh mal nach.« Clarissa ging über den Flur zum Postamt. Mehr Zeit brauchte ich nicht, um mir einen der Skidoo-Zündschlüssel vom Wandbrett unter der Antarktiskarte zu schnappen.

Schon war sie zurück. »Ich kann keinen Fehler finden. Bestimmt bist du gar nicht so schusselig.«

»O danke, das beruhigt mich. Also dann …«

»Mex?«

Was noch? Hatte sie die Leerstelle am Wandbrett bemerkt?

»Du warst wirklich fleißig.«

Ich atmete auf.

»Und ich hoffe, wir sind uns auch einig, dass dein kleiner ›Ausflug‹ heute früh eine einmalige Sache war.«

»Absolut!« Der Schlüssel brannte in meiner Faust.

»Schön.« Sie lächelte. »Und wie verstehst du dich inzwischen so mit Aron?«

»Wir kommen klar.« Das stimmte sogar.

Jetzt strahlte sie. »Buona notte, Mex! Und grüß Ignus.«

Ich dampfte ab, allerdings nicht, ohne mir die Koordinaten einzuprägen, die auf Clarissas Wandkarte die Bohrstation markierten. Nur für alle Fälle.

So schnell es der Nebel und meine zwei Polaranzüge erlaubten, lief ich an den Handleinen entlang zum Fuhrpark, öffnete mit meiner ID-Card das Tor und schlüpfte hinein.

Da standen drei Skidoos, aber zum Glück hatten sie die gleichen Nummern wie die Schlüssel. So fand ich auf Anhieb das richtige. Ich schwang mich drauf und setzte den Helm auf. Dann ließ ich den Motor an und schraubte mit beiden Händen gleichzeitig an den Griffen wie so ein Harley-Typ. Ups! Die Maschine machte einen Satz nach vorn. Ich wäre glatt auf dem Hintern gelandet, wenn ich nicht so eisern zugepackt hätte. Die Dinger schafften um die 50 Sachen. Damit konnte ich in 20 Minuten am Bohrcamp sein.

Ich öffnete das Tor und glitt, von einem leisen Brummen begleitet, langsam aus dem Fuhrpark. Okay, anfangs schlingerte ich noch ein wenig, aber bald hatte ich es raus. Perfekt! Es war zwar eisig, der Wind schnitt mir in die Wangen und wühlte sich durch meine Klamotten, aber so langsam kam ich mit der Kälte besser zurecht. Und davon abgesehen fühlte sich meine kleine Spritztour einfach großartig an.

Im Schritttempo fuhr ich am Gewächshaus vorbei und dann an der Rückseite der *Oase* entlang. Yeah! Wenn das hier möglich war, dann war alles möglich.

Ich hatte mit einigen Hindernissen gerechnet: dass ich nicht so leicht an den Zündschlüssel kam, jemand von den Forschern im Fuhrpark zu tun hatte oder der Wind zu heftig wäre. Nur auf eins war ich nicht gefasst: Aron! Mit dem Rücken zur Gebäudewand schob er sich um die Ecke der *Oase*. Ich legte eine Vollbremsung hin und kam ins Schlingern. Dann blieb mein Skidoo abrupt stehen. Ich flog vom Sitz und landete knapp vor Aron auf dem Eis.

»Hab ichs mir doch gedacht.« Er grinste. »Du bist echt irre!«

Mühsam kam ich wieder auf die Füße. Mein linkes Knie tat ein bisschen weh, aber sonst war dank Doppelpolsteranzug nichts passiert. »Und du, allein hier?«, knurrte ich. »Keine Panik oder so?«

Er deutete um die Ecke. »Sind ja nur 'n paar Schritte vom Eingang.« Neugierig betastete er das Schneemobil. »Sag mal, könntest du mich nicht mitnehmen und … wo immer du hinwillst … unterwegs an der Nachbarstation absetzen?«

Ich riss die Hände hoch. So wie er drauf war, würden wir garantiert als Möwenfutter enden.

»Lass mal, hab nur 'ne kleine Runde gedreht«, murmelte ich, klopfte mir den Schnee von der Hose und brachte das Skidoo wortlos in den Fuhrpark zurück. Zum Buckelwal!

Brandgefährlich

Ratlos standen Aron, Zoe und ich in der Krankenstation vor einem Papierkorb. Onkel Ignus hatte ihn auf der Behandlungsliege in einer großen Metallschale platziert.

»Heute stürzen wir uns in die Praxis, das wird uns allen guttun«, erklärte er und drückte jedem eine Schutzbrille in die Hand. »Vielleicht wird unsere Brandschutzübung sogar ein bisschen abenteuerlich.« Dabei zwinkerte er mir zu. »Also, was ist in diesem Papierkorb drin?«

»Äh … Papier?«, bot ich an.

»Genau«, bestätigte mein Onkel. »Und welche Eigenschaft hat Papier?«

»Es brennt!« Vor meinen Augen blinkten lauter rote Warnlämpchen. In Onkel Ignus' Nähe konnte schon ein Feuer ausbrechen, wenn jemand nur die Handflächen aneinanderrieb, und da wollte er ganz offen mit uns rumkokeln?

»Also ich finde, das ist keine gute Idee«, sagte Aron zu meiner Überraschung. »Was, wenn wir die Station abfackeln? Nicht, dass ich besonders dran hänge, aber meine Ma …«

»Aron, schön, dass du dich meldest«, unterbrach ihn mein Onkel. »Sei so gut und drück mal diesen Knopf hier.« Er zeigte auf einen blauen Punkt außen am Papierkorb.

Widerwillig tat es Aron. Im Handumdrehen schoss eine Stichflamme aus dem Korb in die Höhe. »Verdammt!«, schrie er, griff nach Zoes Hand und zerrte seine Schwester hinter den Zahnarztstuhl.

Ich brüllte: »Alarm!« und sah schon die Schlagzeile in den *Tutum News* vor mir: *Vom Helden zum Brandstifter*.

»Seht ihr? Papier brennt.« Seelenruhig nahm mein Onkel einen Handfeuerlöscher von der Wand. »Und jetzt schaut genau hin. Diesen roten Sicherheitsstift müsst ihr entfernen und dann den Hebel hier drücken.«

Eine gigantische Portion Schaum schoss aus dem Löschgerät in Richtung Flamme und erstickte sie.

Plötzlich zerriss ein Schrei die Luft: »Dio! Was geht hier vor?!« Auf der anderen Seite der Krankenliege tauchte Clarissa auf. An ihrem Kinn baumelte ein meterlanger schneeweißer Schaumbart.

»Oh, das tut mir schrecklich leid.« Onkel Ignus seufzte. »Zum Glück ist das Zeug absolut hautfreundlich.«

Aber so leicht war sie nicht zu beruhigen. »Ignus, wenn du mit Feuer spielst, bist du gefeuert!«

Mir ging die Muffe, denn was würde dann wohl passieren?

»Chefin, es bestand nicht die geringste Gefahr«, erklärte mein Onkel. »Das ist eine kontrollierte Löschübung mit einer Brandattrappe. Ich weiß doch, dass offenes Feuer in der Station verboten ist.« Er drückte auf den blauen Knopf.

Wieder schoss eine Flamme aus dem Papierkorb. Clarissa zuckte zurück. Dann wanderten ihre Mundwinkel nach oben und sie schob ihre Hand ins Feuer. Besser gesagt: in die Projektion eines Feuers. Jetzt erkannte ich es auch. Das Ganze war nichts weiter als eine gute optische Simulation.

»Kontrollierte Löschübung, hast du gesagt?«

Mein Onkel nickte wie verrückt. »Natürlich! Ich bringe doch keine Menschen in Gefahr. Schon gar nicht Kinder!«

Clarissa strahlte. »Du hast vollkommen recht. Am besten lernt man durch praktische Erfahrung. Ignus, deine Methode überzeugt mich!«

»Danke, Chefin.« Er wischte sich den Schweiß von der Stirn.

»Na toll«, knurrte Aron. »Und woher sollten wir wissen, dass es nicht gefährlich war? Ich mach diesen blöden Unterricht jedenfalls nicht mehr mit!«

Da hätte ich mich aus ganz anderen Gründen liebend gern angeschlossen.

Clarissa blickte nachdenklich. »Capisco. Vielleicht war es für den Anfang wirklich zu viel auf einmal.« Ihr Gesicht hellte sich auf. »Ich finde, ihr habt euch einen freien Tag verdient.«

Oha!

»Geht morgen einfach mal ins Schwimmbad, spielt Tischtennis oder helft im Gewächshaus«, schlug sie vor. »Da erholt ihr euch und lernt euch auch besser kennen.«

Aron verdrehte die Augen.

Bei mir dagegen sickerte langsam durch, was sie uns da gerade anbot.

»Könnten wir an diesem freien Tag auch … ich meine … einen kleinen Ausflug machen?«, fragte ich harmlos.

Clarissa stutzte. »Was für einen Ausflug?«

Jetzt bloß nicht zu sehr auf die Tube drücken!

»Nur auf den Hügel rauf zur Wetterstation.«

»Ja! Wir könnten uns dort die aktuellen Messreihen ansehen und herausfinden, welche Auswirkungen der Klimawandel hier schon hat«, ergänzte Zoe. »Über das Thema haben wir neulich im Unterricht diskutiert.«

Clarissa fixierte mich. »Mex, was willst du wirklich an der Wetterstation?«

»Na ja, da watschelt ab und zu ein junger Kaiserpinguin rum. Und ich frage mich, was er da so ganz alleine macht.« Ehrlich gesagt, sorgte ich mich wirklich um Emma. Sie war seit dem Nebel gestern Abend verschwunden.

»Ach, ist dir der Kleine auch schon aufgefallen?«

Ich nickte. »Kaiserpinguine sind mein Spezialgebiet.«

»Soso. Weißt du auch, in welchem Monat sie schlüpfen?«

»Juli.«

»Wie lange sie von ihren Eltern gefüttert …«

»Das erste halbe Jahr.«

»Und welchen Mindestabstand man zu ihnen …«

»Fünf Meter.«

»Sehr gut, Mex! Vielleicht findet ihr ja wirklich heraus, wieso er sich so weit von seiner Kolonie entfernt hat.«

Wahnsinn!

»Also dürfen wir?«

»Warum nicht? Dein Onkel hat gerade bewiesen, dass auf ihn Verlass ist. Nicht wahr, Ignus?«

»Hundertprozentig, Chefin!«

»Wunderbar. Wenn ihr morgen früh aufbrecht, könnt ihr mittags zurück sein. Die Wettervorhersage ist gut. Aber erschreckt mir den Kleinen nicht!«

Beinahe wäre ich ihr um den Hals gefallen.

»Schön, schön«, brummte Onkel Ignus. »Ich frage mich nur, ob wir diesen Hügel HOCHLAUFEN müssen.«

»Nicht, wenn du einen Bully fahren kannst«, erwiderte Clarissa.

»Ich fahr alles, was sich bewegt, Chefin.«

»Macht, was ihr wollt«, knurrte Aron, »aber ohne mich!«

»Mit dir oder gar nicht«, konterte seine Mutter. »Und wenn ihr euch nicht einigt, ist morgen wieder normaler Unterricht.«

Zoe, Onkel Ignus und ich sahen Aron flehend an.

Eine Dreiviertelewigkeit verging, bis er theatralisch seufzte. »Na schön, einer muss ja für Unterhaltung sorgen.«

»Ich wusste es«, freute sich Zoe.

Und ich versprach aus vollem Herzen: »Es wird auch alles gut gehen.«

Jetzt hatte ich doch noch meine Privatexpedition bekommen. Die Idee stammte von Lonny, die Umsetzung von mir.

Meine eigene Expedition

So kam es, dass wir am nächsten Morgen mit Clarissas Segen zu viert in einen Pistenbully stiegen und uns auf den Weg zum Hügel hinter der Station machten, um Emma kennenzulernen. Zumindest war das die offizielle Version. Nachts, also in den Stunden, die wir schliefen, um einigermaßen im Rhythmus zu bleiben, obwohl es taghell war, hatte es lange geschneit. Unser Bully zog breite Spuren durch den Neuschnee. Gut, dass mir gerade niemand den Puls fühlen konnte, sonst hätte er sicher Verdacht geschöpft.

Auf stählernen Ketten glitten wir mühelos den Hügel hinauf zur Wetterstation. Es war ein anderer Bullytyp als der, in dem ich mich versteckt hatte. Hier gab es keine Trennung zwischen Fahrerkabine und Passagierraum. Ich durfte vorn neben meinem Onkel sitzen, da musste ich nicht mal drum bitten. Wahrscheinlich erinnerte er sich noch deutlich genug an meine extrem ungesunde Gesichtsfarbe auf hoher See und wollte die Folgen nicht riskieren. Ich übrigens auch nicht.

Aron und Zoe hatten sich hinten auf den beiden gegenüberliegenden Sitzbänken ausgebreitet. Zoe notierte für ihren geplanten Blogbeitrag Außentemperatur, Geschwindigkeit und Kraftstoffverbrauch, während Aron eine Tüte Paprikachips futterte, Kopfhörer einstöpselte und so tat, als hätte er nicht das Geringste mit unserer Expedition zu tun.

Mein Onkel hockte breitbeinig wie ein römischer Feldherr hinterm Lenker, pfiff seine Lieblingsmelodie, diesen

Mega-Oldie: *Ich war noch niemals in New York* ... und schlug sich mit der Hand auf den Oberschenkel.

»Die Kiste gefällt mir!«, dröhnte er. »Hab lange nicht so was Kraftvolles unterm Hintern gehabt.«

Draußen war es zwar sonnig, aber mit minus 12 Grad noch klirrend kalt. Deshalb hatte ich praktisch alles in meinen Rucksack gestopft, was ich an Klamotten besaß. Auch an Bord: meine Antarktiskarte, mein Fernglas und sogar Emmas Miniplüschrobbe als Glücksbringer. Ich bebte vor Spannung! Zoe, Aron und Onkel Ignus hatten keinen Schimmer, wohin unser kleiner Ausflug uns wirklich führen würde. Nur Lonny wusste seit zwei Stunden Bescheid:

Hey,
es geht los! Jetzt werde ich also echt Millionen Jahre altes Eis ans Licht holen. Da liegen womöglich noch Dinosauriereier drin. (Hier solls ja mal mächtig warm und grün gewesen sein.) Kannst du dir vorstellen, wie klasse sich das anfühlt? Na gut, Aron, Zoe und Onkel Ignus kommen mit, das lässt sich nicht vermeiden. Aber vielleicht ist es auch besser, in diesem endlosen Weiß nicht ganz allein unterwegs zu sein ... Falls wir uns in diesem Leben nicht mehr sehen, sag meinen Eltern, dass ich sie ... na, du weißt schon. Klar, Emma auch. Willst du sonst noch was für mich tun? Dann setz dich mal mit den Wettergöttern in Verbindung. Sturm können wir nämlich nicht gebrauchen. Danke für alles, du bist der Beste!
Mex

Sein Okay hatte ich umgehend erhalten:

Du verrückter Hund!
Das sind ja super Neuigkeiten. Bring mir unbedingt 'ne Kugel Steinzeiteis mit! Oder besser zwei. Ich stoppe so lange die Erderwärmung, damit euch kein Hurrikan erwischt. Und wags bloß nicht, in irgend so eine fiese Gletscherspalte zu rutschen, du wirst hier nämlich noch gebraucht! Also, Hals- und Beinbruch, halt die Ohren steif, die Nase dicht am Wind und die Augen offen! Und wenn du zurück bist, will ich alles wissen. Alles!
Lonny

Binnen Kurzem erreichten wir die orangefarbene Wetterstation, die von einem hohen Stahlmast gekrönt wurde. Ein paar Stufen führten zum Eingang hinauf. Dicht um den Container herum hatte ich den kleinen Kaiserpinguin durchs Fernglas öfter watscheln gesehen. Ich riss die Bullytür auf und schwang mich vom Sitz, doch als meine Stiefel den frisch gefallenen Schnee berührten, stockte ich. Was, wenn Pinguin Emma wirklich hier rumstrolchte? Vielleicht würden wir rausfinden, dass sie eine chronische Einzelgängerin war oder irrsinnig auf Orange stand. Jedenfalls wäre unsere Expedition dann sehr schnell beendet. Und wenn wir sie nicht fanden? Wie sollte ich die anderen überzeugen, trotzdem weiterzufahren, noch dazu in eine bestimmte Richtung? Über diesen wesentlichen Punkt meines Plans hatte ich bisher noch nicht nachgedacht.

»Sieh mal, Mex, da sind Spuren«, hörte ich Zoe rufen.

Tatsache! Taufrische, dreizehige Fußspuren zogen sich um die Wetterstation. Die stammten eindeutig von einem Kaiserpinguin, waren aber für ein ausgewachsenes Modell ein paar Schuhgrößen zu klein. Den Blick fest zu Boden gerichtet, folgten wir den Abdrücken, ich wie ein lang gezogener Schatten fünf Schritte hinter Zoe.

»Hier ist die Spur zu Ende«, rief sie über die Schulter, als sie die kleine Treppe erreicht hatte.

Ich schloss zu ihr auf. Der Schnee vor uns war vollkommen unberührt. Keine Fußspur mehr. Allerdings sah es seitlich der Treppe so aus, als wäre irgendwas da lang geschlittert. Die leicht abschüssige Rutschbahn verschwand unter den Stufen.

»Wahrscheinlich hat der Wind hier die Spur verweht. Aber da vorn ist sie wieder.«

»Komisch«, murmelte Zoe und lief zu den Fußabdrücken, die dort auf den Container stießen.

Ich blieb vor Ort. Mir kam da nämlich eine Idee! So schnell es mein doppelter Polaranzug erlaubte, ging ich in die Knie und linste unter die Treppe.

»Fiep«, klang es mir kleinlaut entgegen, dann sah ich in zwei tiefdunkle Augen. Ein grauer Flauschball mit weißem Fleck auf der Brust, nicht mal einen halben Meter groß, presste seinen Rücken an die Containerwand. An seinem Bauchflaum hingen kleine Eisperlen, an seinen kurzen Flügeln nicht. Der Schnee unter seinen Füßen war angetaut. Irgendetwas im Inneren des Containers schien an dieser Stelle Wärme abzustrahlen. Vielleicht ein Stromaggregat. Nicht zu fassen! Dieser schlaue kleine Pinguin kam offenbar regelmäßig hierher, um sich mal so richtig durchzuwärmen. Und seine Spur endete an der Treppe, weil er bäuchlings druntergerutscht war.

»Sag mal, ist das hier so was wie deine persönliche Sauna?«, flüsterte ich.

Emma schwieg.

»Wie, du hast Mami nicht Bescheid gesagt?«

»Fiep.«

Ich grinste. »Keine Angst, ich verpetz dich nicht. Mütter müssen nicht alles wissen. Sonst machen sie sich nur unnötige Sorgen.«

Und auch Zoe würde ich nichts von meiner Entdeckung erzählen. Ich brauchte nur noch eine Idee, warum wir die Expedition fortsetzen mussten.

»Mex, was machst du da?«

Verdattert fuhr ich hoch und sah in Zoes Gesicht, in dem mindestens 100 Fragezeichen aufleuchteten.

»Ach, ich äh ... dachte nur, da hätte was im Schnee geblinkt. Vielleicht ein ... eine Gabel oder so was. Gibts irgendwo in der Gegend 'n Fundbüro?«

Sie bückte sich. »Wo hat es denn geblinkt?«

»Da, glaube ich ... oder da?« Ich deutete von der Treppe weg. »Kann aber auch 'ne optische Täuschung gewesen sein.«

»Aha.« Zoe guckte wenig überzeugt. »Und wo ist jetzt unser kleiner Pinguin?«

»Sicher zu seiner Kolonie zurückgewatschelt.« Ich zeigte auf eine ältere Spur, die von der Wetterstation wegführte. »Hoffentlich gehen ihm unterwegs nicht die Kräfte aus. Diese Jungspunde verschätzen sich da manchmal gewaltig. Tja, armer Kerl ...«

»Natürlich!« Zoe sah mich an, als hätte ich für meine fachkundige Einschätzung den Tierischen Nobelpreis verdient. »Wir müssen ihn unbedingt finden und nach Hause bringen!«

»Wenn du das sagst ...«

Yep! Der Vorschlag hätte von mir sein können. Wie gut, dass sie sich mit Spurenlesen so wenig auskannte.

Es war nicht schwer, Onkel Ignus davon zu überzeugen, dass wir weiterfahren mussten, weil wir Emma noch nicht entdeckt hatten. Er strahlte über sein ganzes rotes Gesicht, als er den Motor wieder anließ. Irgendwie sah es aus, als wäre er schon so gut wie am Fahrersitz festgewachsen.

Und Aron, tja, der bekam unter seinen Kopfhörern gar nicht mit, was Sache war.

Entlang der alten Watschelspur fuhren wir den Hügel hinab in die unendliche Weite dieser Eiswelt. Nach vorn hatten wir einen Wahnsinnsausblick. Wie ein Spiegelei ohne Dotter lag die weiße Wüste unter strahlend blauem Himmel vor uns. Lonny hatte bei den Wettergöttern ganze Arbeit geleistet. Nichts störte das perfekte Bild.

Als ich so neben meinem Onkel durchs Frontfenster sah, packte mich ein noch feierlicheres Gefühl als bei der Landung vor *Tutum*. Obwohl ich wusste, dass es nicht stimmte, stellte ich mir vor, der erste Mensch zu sein, der dieses Stück Erde jemals betreten würde. Am liebsten wäre ich sofort ausgestiegen, hätte mich der Länge nach hingeworfen und den unberührtesten Schnee der Welt geküsst.

Zoe hing am Fenster und murmelte abwechselnd: »Wo steckst du nur?« und »Du schaffst es, Kleiner!« Mit ihrem Handy zoomte und zoomte sie und dauernd machte es Klick.

»Wozu brauchst du so viele Fotos?«, fragte ich nach hinten, um den feierlichen Kloß in meinem Hals loszuwerden. »Ich meine, die sind bestimmt toll mit dem Glitzern drauf, aber doch irgendwie alle gleich.«

»Eben nicht.«

»Nein? Links weiße Ebene, rechts weiße Ebene, vorn weiße Ebene – okay, hinter uns liegt die Wetterstation, du hast gewonnen.«

Zoe ließ ihr Handy sinken und funkelte mich an. »Dann guck mal hier!« Sie kam nach vorn und zeigte mir zwei Fotos, die komplett weiß waren.

»Hm ... wie viele Unterschiede soll ich denn finden?«

»Einen, du Blindschleiche.« Ihr Zeigefinger sauste auf einen winzigen dunklen Klecks am Rand des ersten Bildes hinab.

Tatsächlich, den hatte ich glatt übersehen. Und auf dem zweiten Foto war dieser Fleck sogar einen Hauch größer.

»Ist er das?«

»Nicht direkt. Aber hoffentlich mittendrin.«

»Du meinst ...«

»Ja, das muss seine Kolonie sein. Oder zumindest seine Kindergartengruppe.«

Ich grinste. »Na los! Worauf warten wir noch? Wir fahren hin!« Der Fleck befand sich südöstlich von uns. Offenbar hatten wir die Pinguinspur unterwegs verloren. Aber ein Stück hinter der Kolonie musste laut Clarissas Karte auch das Bohrcamp liegen. Das passte mir ausgezeichnet!

Onkel Ignus drehte schwungvoll am Lenker und drückte stärker auf die Tube. »Festhalten!«, rief er nach hinten.

Dann düsten wir auf den schwarzen Fleck zu, den ich jetzt sogar mit bloßen Augen erkannte. Das leise Grummeln in meinem Bauch ignorierte ich. Schließlich handelte es sich in Sachen Emma nur um eine absolut unbedeutende Notlüge.

Pinguin-Party und Mission Bohrkern

Bald erreichten wir die Kolonie. Vorschriftsmäßig stellte Onkel Ignus etwa 30 Meter entfernt den Motor ab. Er, Zoe und ich stiegen aus. Nur Aron blieb mal wieder im Bully.

Wow, was für ein gigantischer Anblick! Ich schätzte mehrere 1.000 Kaiserpinguine mit weißem Hemd und schwarzem Frack. Sie waren einen guten Meter groß und hatten die für ihre Art charakteristischen gelben Ohrflecken. Wie auf einer hochoffiziellen Geburtstagsparty standen sie grüppchenweise sehr edel im Schnee rum. Nur die flauschigen grauen Jungtiere, die kreuz und quer durch die Gegend watschelten, brachten etwas Schwung in die steife Versammlung. Bald würden sie ihren ersten eigenen Ausflug ins Meer unternehmen.

»Sind die schön!« Vor lauter Staunen vergaß Zoe glatt zu fotografieren. »Findest du nicht, Mex?«

»Na ja, wie im Zoo, nur dass es hier mehr sind«, sagte ich, obwohl ich sie auch echt klasse fand. Ich stehe total auf Pinguine, aber dieses öffentliche Kuscheltier-Gestaune kam mir doch übertrieben vor.

Onkel Ignus stöhnte wohlig, riss sich die Mütze vom Kopf und die Jacke auf. »Ist das ein Wetterchen!«

Also sooo warm fand ich es wieder nicht, aber immerhin ließ es sich am späten Vormittag mit doppeltem Thermoanzug, Mütze und zwei Paar Handschuhen im Freien aushalten, ohne einen Gefrierschock zu riskieren, und das war ja schon mal Gold wert.

Mein Onkel dagegen krempelte sich sogar die dicken Hosen bis über die Knie hoch.

In dem Moment traf mich eine Duftwolke wie ein Keulenschlag. »Riecht ihr, was ich rieche?«

Zoe hielt sich schon die Nase zu. »Was ist das?«

»Es kommt von der feinen Gesellschaft da vorn.« Ich zeigte auf die Pinguine.

Im ersten Moment sah Zoe aus, als wollte sie in den Bully zurücksprinten, aber dann schüttelte sie sich kräftig und holte tief Luft. »Okay, vorwärts! Es ist nur ein bisschen Mief.«

Ich staunte. »Du willst trotzdem hin?«

»Sicher! Ich will doch wissen, wer da seinen Dreck ausgekippt hat.«

Ich drehte mich zu Onkel Ignus um. »Kommst du mit?«

»Geht ihr schon mal vor«, sagte er. »Ich muss mir noch die Schnürsenkel festziehen.«

Zoe betrachtete seine Stiefel. »Welche Schnürsenkel?«

»Oder den Reißverschluss«, murmelte er, machte es sich auf seinem Rucksack gemütlich und lehnte sich an den Bully. Zoe und ich grinsten uns an. Dann zogen wir uns die Schals vor die Nasen und näherten uns in weitem Bogen der Pinguinkolonie.

Als wir nur noch die mindestens vorgeschriebenen fünf Meter entfernt waren, hob Zoe die Augenbrauen. »Komisch, ich sehe gar keinen Dreck.«

Ich zeigte auf ein paar frische rosa Häufchen zu Füßen der Pinguine. »Diese putzigen Vögel können zwar nicht fliegen, dafür aber Dinger absetzen, gegen die eine Müllkippe nach Parfüm riecht. Ihr Kot enthält eine Menge Stickstoff, der als Ammoniakgas vom Wind verweht wird und woanders als Dünger dient.«

Der Gestank war kaum noch auszuhalten.

Zoe sah mich an und schnappte nach Luft. »Du meinst, das ist a…a…alles … Natur?«

»Hausmarke.«

»Und warum sieht das Zeug rosa aus?«

»Die Farbe stammt vom Krill«, erklärte ich. »Diese kleinen garnelenförmigen Tierchen sind so was wie die Pasta der Pinguine.«

In unserer Nähe entdeckten wir eine Gruppe Jungtiere, die so aufgeregt durcheinanderschnatterten, als würden sie ein erstklassiges Fußballspiel kommentieren.

Zoe vergaß den Mief, zückte ihr Handy und schoss ein Foto nach dem anderen. »Ist unser Freund dabei?«, wollte sie wissen.

Suchend blickte ich mich um. »Also ich sehe ihn nicht. Aber vielleicht hat er ja für seinen kleinen Ausflug drei Tage Bauchfaltenarrest bekommen.«

»Würdest du ihn überhaupt wiedererkennen?«

»Na ja, er hat so einen besonderen Fleck auf den Federn.« Das stimmte zwar, aber ich sagte es nur, um Zoe zu beschäftigen. Streng genommen konnte Emma ja gar nicht hier sein.

»Sieh mal, links«, flüsterte sie plötzlich. »Da ist einer mit Fleck.«

Ich sah ihn auch. Der Kleine hatte einen schwärzlichen Fleck auf der ansonsten grauen rechten Schulter. Genau wie sein Nachbar übrigens. Und dessen Nachbar auch.

»Zoe, daneben sind noch welche mit Flecken.«

»Was?« Verwirrt ließ sie ihr Handy sinken. »Welcher ist es denn nun?«

Was sollte ich sagen? Dass das Schwarz von den neuen Federn stammte, die Kleinen sich zum ersten Mal mauserten und bald aussehen würden wie ihre Eltern? Langweilig. Also besser so: »Hey, wahrscheinlich haben wir eine neue Art entdeckt. Den Ploro-Pinguin, eng verwandt mit den Kaisern, aber durch den charakteristischen schwarzen Fleck auf der Schulter eben doch was Ultraneues.« Wider besseres Wissen schlug mein Forscherherz höher. »Zoe, könntest du vielleicht ein Foto von mir vor diesen gefleckten ...«

»Mex! Welcher?!«

Die Luft wich aus meinen Lungen wie aus einem angepiksten Ballon. »Keiner«, nuschelte ich. »Er hat einen weißen Fleck. Vorn auf der Brust.«

Sie starrte mich an, als hätte ich eben erklärt, es gäbe überhaupt keine Pinguine und noch nicht mal eine Antarktis. »Das sagst du erst jetzt?«

Vorsichtshalber versteckte ich mich hinter meinem Fernglas, als würde ich angestrengt nach Weißfleckpinguinen Ausschau halten.

»Vielleicht ist er inzwischen ja auch in eine andere Richtung spaziert. Zum Beispiel ...« Ich wollte weiter nach Südosten zeigen, aber sie drückte meinen Arm runter.

»In Wahrheit interessierst du dich überhaupt nicht für den Kleinen, stimmts?«

»Doch«, widersprach ich. »Jeder Pinguin ist einzigartig, und wenn er verschwindet, ist das ein unersetzlicher Verlust für die ganze ...«

»Ach, hör auf! Lass uns zur Wetterstation zurückfahren und wenigstens die Messreihen auswerten.«

»Gute Idee«, murmelte ich, obwohl alles in mir schrie: ›Nein, auf gar keinen Fall! Wir müssen einfach weitersuchen und zwar genau in Richtung Südosten.‹ Aber wie hätte

ich ihr das erklären sollen? Also trotteten wir zum Bully zurück.

Schon von Weitem sahen wir Onkel Ignus wild mit den Armen rudern.

»Verschwindet, ihr Räuber!«, schrie er.

Meinte er uns?

Nein. Er hatte uns noch nicht mal bemerkt, denn direkt vor seinen Füßen machten sich drei ausgewachsene Kaiserpinguine an seinem Rucksack zu schaffen. Mit ihren spitzen, gebogenen Schnäbeln versuchten sie, den Verschluss aufzupicken. Es sah urkomisch aus!

»Ignus«, rief Zoe, »du musst den Sicherheitsabstand einhalten!«

»Fünf Meter«, ergänzte ich und prustete mit Zoe los, obwohl mir eigentlich überhaupt nicht zum Lachen war.

»Das würde ich ja gern!«, schnaufte er. »Aber offenbar sind das hier Analphabeten. DIE scheinen die Vorschrift nicht zu kennen.«

»Wedle mit den Armen«, rief ich, »dann halten sie dich vielleicht für eine Skua und haben mehr Respekt.«

Mein Onkel wedelte wie ein Irrer, aber selbst als wir dazukamen, ließen die Tiere sich nicht von seinem Rucksack abbringen. Anscheinend hatten sie noch nie schlechte Erfahrungen mit Menschen gemacht.

»Sag mal, hast du da was Essbares drin?« Ich zeigte auf den Rucksack.

»Natürlich. Kartoffeln und Zwiebeln«, erwiderte mein Onkel. »Wo sollte ich sie denn sonst hintun?«

»Und wofür brauchst du die?«

»Das liegt doch auf der Hand, Mex. Zu einem Ausflug gehört ein anständiges Picknick. Und Bratkartoffeln sind mein Leibgericht.«

»Waren die nicht neulich alle?«, hakte ich nach, obwohl mir schon beim puren Gedanken daran das Wasser im Munde zusammenlief. Unser Frühstück war locker fünf Stunden her.

»Nemo hat für mich was von seiner eisernen Reserve abgezweigt.«

Alles klar, mein Onkel hatte sich mal wieder mit dem Koch angefreundet.

Zoe grinste. »Wies aussieht, musst du dein Leibgericht wohl den Pinguinen überlassen.« Sie riss die Bullytür auf und schlüpfte in den Wagen.

»Kommt nicht infrage!« Flehend sah mein Onkel mich an. »Mex, du kennst dich doch aus mit diesen Tieren...«

Ich stöhnte. Es war bescheuert, aber ich konnte ihn jetzt nicht hängen lassen. Also versuchte ich zu trompeten wie ein Kaiserpinguin. Leider waren meine Lippen so kalt und unbeweglich, dass kein Ton rauskam. Ich zog die Handschuhe aus, legte die warmen Handflächen aneinander und blies kräftig durch den schmalen Spalt dazwischen. Von meinem Getröte überrascht, guckten die drei Frackträger zu mir. Sie schraubten sich zu voller Größe hoch und hoben ihre drei mit Schwimmhäuten verbundenen Zehen vom Boden ab, sodass sie nur noch auf den Fersen standen. Eine stumme Weile sahen wir uns tief in die Augen.

Dann watschelte ich los in Richtung Kolonie, genauso wie Emma zu Hause immer rumwatschelte. Als ich einen Blick über die Schulter warf, sah ich, wie die drei mir zögernd hinterherkamen. Warum? Ich hatte ihren kollektiven Sicherheitsruf nachgeahmt.

Onkel Ignus schnappte sich seinen Rucksack, zeigte mir Daumen hoch und verschwand im Bully.

Ich watschelte noch ein Stück weiter, dann schlug ich einen Haken und stapfte zurück. Geschafft!

»Danke, Mex, du hast mich gerettet!« Mein Onkel strahlte, als ich in den Bully kletterte.

»Halb so wild«, wehrte ich ab.

Aron tigerte nervös zwischen den Sitzbänken hin und her. »Schon ein Uhr durch. Wenn meine Freunde aus der Schule kommen, wollen sie von mir hören.«

»Typisch!« Zoe verschränkte die Arme vor der Brust. »Du denkst nur an dich. Ob wir den kleinen Pinguin in der Kolonie gefunden haben, interessiert dich gar nicht.«

Aron rollte mit den Augen. »Okay, schieß los, wenns unbedingt sein muss.«

Und dann erzählte sie von der Sache mit den schwarzen und weißen Flecken. »Ich glaube, er ist irgendwo mittendrin, aber es sind einfach zu viele«, schloss sie und sah dabei gar nicht glücklich aus.

Aron zeigte auf mein Fernglas. »Gib mal her!«

Irritiert reichte ich es ihm.

»Während ihr draußen rumgestiefelt seid, hat sich um

die orange Kiste was kleines Graues bewegt.« Er guckte mit dem Fernglas durchs Heckfenster zurück Richtung Wetterstation. »Und es sieht verdammt nach eurem Pinguin aus, mit weißem Fleck auf der Brust und allem Drum und Dran.«

»Zeig!« Zoe nahm ihm das Fernglas ab. »Nicht zu fassen, er ist es wirklich! Wow, Aron, du hast ihn gefunden!«

Jetzt war ich dran mit Durchgucken und Staunen, obwohl ich mir natürlich an einem halben Finger abzählen konnte, dass er recht hatte.

»Der kleine Kerl hat uns nach Strich und Faden gelinkt«, sagte ich mit angemessener Empörung. »Bestimmt hatte er sich vorhin irgendwo in der Nähe versteckt.«

»Richtig«, erwiderte Aron. »Er ist unter der Treppe hervorgekommen.«

»Dieser Bursche!« Ich schüttelte den Kopf.

»Und zwar ziemlich exakt da, wo du dich gebückt hast.« Grinsend sah Aron mich an.

Wie hatte er das sehen können? War er doch ausgestiegen?

»Ich ... ich schwöre ...«

»Warum sollte Mex ihn absichtlich übersehen?«, mischte sich Zoe ein. »Der Ausflug war ja seine Idee.«

Danke!

»Auf jeden Fall fahren wir zur Wetterstation zurück, sehen uns unseren kleinen Freund genauer an und dann bist du fast pünktlich zum Chatten online«, schloss sie das Thema ab. »Zufrieden, Bruderherz?«

Tatsächlich rang sich Aron zu einem Lächeln durch.

Und was wurde aus mir? Wenn ich nicht sofort eine geniale Idee hatte, dann war mein letzter Bohrcamp-Plan hiermit gescheitert. Hilfe suchend sah ich mich um. Da ... da blinkte was. Vorn, am Steuerpult. Ja, wirklich, und es war nicht irgendwas, sondern unser Funkgerät. Jetzt hörte ich auch das Piepen.

»Hey, da funkt uns jemand an.« Einer spontanen Eingebung folgend, stürzte ich nach vorn, griff mir das Teil und zeigte es den anderen. Auf dem Display stand *Clarissa*. Wenn das kein Wink des Schicksals war! Mein Daumen näherte sich der Sprechtaste.

»Hallo, hier ist Mex ... Was? ... Nein, wir sind noch auf der Suche ... Ach wirklich? ... Also wenn es so wichtig ist ... Überhaupt nicht! Onkel Ignus hat Bratkartoffeln dabei ... Ja, sag ich ihm ... Natürlich, so schnell wie möglich ... Aber gern, wenn wir Jan helfen können ... Gut! Wir melden uns. Ende!«

Ich ließ das Funkgerät unters Armaturenbrett sinken. Um mich herum: drei verblüffte Gesichter.

»Was hat sie gesagt?«, wollte Aron wissen.

In der folgenden Stille hätte man eine Schneeflocke fallen hören können. Ich machte eine unbestimmte Handbewegung. »Nur eine kleine Planänderung.«

»Was für eine Planänderung?«, mischte sich auch Zoe ein. »Und wieso hast du Jan erwähnt?«

O je! Hoffentlich fand ich die richtigen Worte. »Na ja, es ist so: Bei dieser Expedition, die er leitet, ihr wisst schon, die Tiefbohrung ... Sie haben da was gefunden im Eis, eine noch unbekannte Tierart oder so was, das könnte eine wissenschaftliche Sensation sein und deshalb ... Also es soll schnellstmöglich im Labor untersucht werden.«

»Und?«, fragten Aron und Zoe wie aus einem Munde.

»Sie können nicht weg dort, weil sie noch mehr Bohrproben brauchen. Und weil wir ja praktisch auf halber Strecke sind ...«

»Was willst du damit sagen?« Arons Stimme klang drohend.

Augen zu und durch! »Deshalb sollen wir schon mal den ersten Bohrkern abholen. Keine große Sache.«

Nein, überhaupt nicht!

Aron verschränkte die Arme vor der Brust. »Ohne mich!«

»Übrigens, Onkel Ignus, ich soll dich von Clarissa schön grüßen. Sie würde die Aufgabe nicht jedem anvertrauen, aber einem so erfahrenen Rettungshelden wie dir ...«

»Schon gut, mein Junge«, murmelte er, während sein Gesicht sich in eine feurige Abendsonne verwandelte. »Ich fahre gern noch ein paar Meterchen mit diesem scharfen Schlitten.«

»Mex?«, meldete sich Zoe. Mist! Wenn jemand die Sache hinterfragen würde, dann sie. »Ich glaube nicht, dass Ma uns zum Bohrcamp schickt.«

Warum sollte sie das auch glauben? Es gab keinerlei Beweis.

»Könnte es nicht sein, dass du in den Anruf ein bisschen zu viel reindeutest, weil du so scharf auf diese Forschersache bist?«

Wie käme ich denn dazu?!

»Wir wissen ja nicht mal, wo die Bohrstation liegt.«

Ha, das hätte sie nicht sagen sollen!

»Doch, Clarissa hat mir gerade die Koordinaten durchgegeben.«

»Ach, du hast aber gar nichts aufgeschrieben.«

Ich tippte mir an den Kopf. »Mein Zahlengedächtnis ist legendär. Da solltest du mal meine Mathelehrerin fragen. Außerdem habe ich eine Landkarte dabei.« Schon zog ich sie aus meinem Rucksack. »Wir sind ungefähr ... hier.« Ich breitete die Karte, die noch vor Kurzem nutzlos bei mir zu Hause an der Wand gehangen hatte, vor Zoe und Aron auf dem Boden aus. »Und da liegt das Bohrcamp. Es ist gar nicht weit.«

Dicht bei der unsichtbaren Linie, die ich zwischen den beiden Punkten zog, war ein kleines Haussymbol eingezeichnet. Ich zeigte mit dem Finger darauf und warf Aron einen Seitenblick zu.

»Nur ein kleiner Schlenker und wir könnten auf dem Rückweg unsere Nachbarn besuchen. Bin neugierig, wie es bei denen auf der Station aussieht, ihr nicht?«

Auf einmal beugte sich Aron interessiert über die Karte. Dann sah er mich an, als hätte ich soeben das elektrische Licht erfunden und für ihn persönlich eingeschaltet.

»Unbe..., ich meine, warum nicht? Wenn wir schon mal in der Gegend sind ...«

Zoe musterte ihren Bruder prüfend. »Und was ist mit deinen Freunden?«

Er zuckte mit den Schultern. »Nur mal kurz reinschnuppern.«

»Mit einem schmelzenden Bohrkern im Bully, der dringend ins Labor soll.« Sie schüttelte den Kopf.

»Wir transportieren ihn auf dem Dach, da kann er nicht schmelzen«, wandte ich ein. »Außerdem bleiben wir nur ein paar Minuten, stimmts, Aron?«

Zoes Augen verwandelten sich in schmale Schlitze.

»Und im Camp könntest du den Forschern direkt auf die Finger schauen«, legte ich nach. »Du weißt schon, damit sie beim Bohren keine Verunreinigungen ins Eis einbringen.«

Das zog.

Sie seufzte. »Hast recht, irgendjemand muss sich ja darum kümmern.«

Das sah ich ganz genauso. Dann gab ich Onkel Ignus die Koordinaten und er speiste sie ins Navi ein. Warum sollte ich auch erwähnen, dass ich mir die schon ins Hirn gebrannt hatte wie den Universalcode, als ich wegen des Skidoo-Schlüssels in der Zentrale gewesen war?

Mein Onkel ließ den Motor an, trat das Gaspedal durch und setzte unseren Bully auf geraden Kurs Richtung Südosten. »Expedition Bohrkern ist unterwegs!«

Unauffällig wischte ich mir den Schweiß von der Stirn. Wie gut, dass ich die Sprechtaste am Funkgerät nicht wirklich gedrückt hatte!

Alle oder keiner

Als wir etwa eine halbe Stunde Richtung Südosten gefahren waren, entdeckte ich am Horizont ein paar kleine grüne Dreiecke. Ich hielt mir das Fernglas vor die Augen. Wow! Das konnten nur die Zelte des Bohrcamps sein! Wir steuerten direkt darauf zu, und es war überhaupt nicht mehr weit, wenn alles glattging.

Wenn! Kaum hatte ich die Zelte entdeckt, schlug das Wetter um. Der blaue Himmel verschwand, als hätte irgendein Riese mal eben einen Vorhang zugezogen. Urplötzlich fiel ein Haufen Schnee, und der Wind, aus dem im Handumdrehen ein ausgewachsener Sturm wurde, verwirbelte die Flocken zu feinstem Kristallstaub. Um uns herum war alles weiß. Es gab keinen Horizont mehr, kein Oben, kein Unten. Wir konnten nicht mal fünf Meter weit sehen.

»Ignus?«, rief Zoe nach vorn.

»Mist!«, knurrte mein Onkel.

In Arons Augen sah ich Panik aufsteigen. »Was ist das denn jetzt?«

»Ein Whiteout vom Feinsten«, murmelte ich. Was das bedeutete, war mir klar: Wenn wir weiterfuhren, riskierten wir, uns komplett zu verirren. Wie oft hatte ich davon in den Tagebüchern berühmter Antarktisforscher gelesen. Manche hatten nie wieder rausgefunden. Mein Puls beschleunigte auf die Taktfrequenz einer Wüstenspringmaus. Was, zum Buckelwal, sollten wir tun?

»Ich hab ja gleich gewusst, dass dieser ganze Ausflug total gefährlich ist«, presste Aron zwischen seinen blassen Lippen hervor.

Mein Onkel legte die Hände fester ums Lenkrad. »Macht euch keine Sorgen. Solange der Motor läuft, haben wir es hier drinnen schön warm.«

Ich muss schon sagen, er hatte das Gemüt eines Seeelefanten. Guckte stur geradeaus und fuhr einfach weiter. Doch auf einmal ruckte der Bully, das Hinterteil sackte ein Stück ab, der Motor heulte auf wie im Leerlauf und erstarb. Dann blieb die Kiste stehen.

Aron sprang auf. Aus seinem Gesicht war jede Farbe gewichen. Sein Atem ging flach und hektisch, als wäre zu wenig Sauerstoff in der Luft.

Ich wusste nicht, worüber ich mehr erschrocken war: unsere Bullypanne oder seine Panikattacke.

Zoe versuchte, ihren Bruder zurück auf die Sitzbank zu ziehen, aber er war um einiges stärker als sie.

»Tja, da ist erst mal nicht viel zu machen«, erklärte Onkel Ignus. »Wie wärs mit Bratkartoffeln?«

Hatte er den Verstand verloren?

Aron starrte ihn an wie einen Kugelfisch.

Nur Zoe nickte. Offenbar war ihr für ihren Bruder jede Ablenkung recht. »Gute Idee, aber wie willst du die braten?«

»Nemo hat mir auch eine Pfanne geliehen.« In aller Ruhe packte mein Onkel seinen Rucksack aus und begann Kartoffeln zu schälen.

Er hatte recht. So sehr es mich zum Bohrcamp zog – im Moment mussten wir vor allem die Nerven behalten. »Okay, machen wir ein Picknick.« Ich schnappte mir die Zwiebeln. Zoe nahm eine geschälte Kartoffel und schnitt sie professionell in dünne Scheiben, während ich große Mühe hatte, mit den Zwiebeln nicht auch meine Finger zu erwischen. Die zitterten nämlich doch ein bisschen.

Als mein Onkel auf dem Boden einen kleinen Kocher aufbaute, loderte vor meinem inneren Auge ein Feuer auf. »L…l…lass mich das machen!«, rief ich. »Ist bestimmt nicht gut für deine Knie.«

Ächzend erhob er sich. »Danke, mein Junge! Also das Rezept ist schon etwas kompliziert. Zuerst gießt du Öl in die Pfanne, dann wirfst du die Zwiebeln hinein und hinterher die Kartoffeln. Die Reihenfolge ist wichtig. Soll ich es noch mal wiederholen?«

»Danke, habs kapiert.« Ich fragte mich zwar, was daran ein Rezept war, vor allem aber versuchte ich, den Kocher so gut wie möglich gegen Onkel Ignus abzuschirmen.

Als das ganze Geschnipsel in einer Art Campingpfanne gemütlich vor sich hin brutzelte, duftete es in unserem Bully so lecker wie nur an hohen Festtagen bei mir zu Hause und irgendwie beruhigte mich der Geruch. Ich war nicht allein. Zu viert würden wir hier schon wieder rauskommen. Selbst Aron hatte sich einigermaßen gefangen. Wir aßen alles bis auf den letzten Krümel auf und vergaßen darüber beinahe den Schneesturm. Jedenfalls bis das Funkgerät piepte.

»Ich geh ran!«, schrie ich, ließ meinen Teller fallen und stürzte, von einer bösen Vorahnung gejagt, nach vorn.

»Ignus?«, brüllte mir Clarissa ins Ohr. »Warum kann ich euch in der Station nicht finden? Zum Mittagessen solltet ihr zurück sein!«

Heiliger Gletscher, wieso hatte ich bloß den Akku nicht aus dem Funkgerät genommen?

»Hier ist Mex«, murmelte ich kleinlaut. »Wir sind so gut wie da, müssen nur noch diesen winzigen Schneesturm abwarten, aber dann ... wie der Blitz ...«

»Dio, Mex, hast du noch nie was von GPS gehört? Ich kann auf meinem Bildschirm SEHEN, wo ihr seid, und das ist NICHT auf dem Rückweg!«

Gefrostetes Elend! Daran hatte ich gar nicht gedacht.

»Wenn diese blöde Nudelmaschine nicht schon wieder kaputtgegangen wäre«, schimpfte sie, »hätte ich mich viel eher gemeldet.«

»Aber ... das ist gar nicht nötig, wirklich, wir schaffen das selbst.«

»Gib mir sofort Ignus!«, verlangte sie.

Ausgeschlossen! Ich drehte mich mit dem Rücken zu den anderen, stopfte das Funkgerät in meinen Ärmel, kratzte mit den Fingernägeln über den Lautsprecher und nuschelte was von wegen: »... gaaanz schlechter Empfang.«

»Mex, das wird Folgen haben! Bleibt um Himmels willen, wo ihr seid. Das Eis bekommt schon die ersten Risse. Ich hole euch ab!«, hörte ich Clarissa noch fauchen, bevor ich die Verbindung kappte.

Dreimal verfluchtes Whiteout! In einer Dreiviertelstunde konnte sie hier sein. Und so wie sie geklungen hatte, würde es dann gewaltigen Ärger geben.

»Wer wars?«, wollte mein Onkel wissen.

Ich drehte mich um. »Clarissa.«

»Und was wollte sie?«

»Uns jedes Haar einzeln ausreißen, wenn ich sie richtig verstanden habe.«

Ein metallisches Knirschen durchbrach die folgende Stille, dann hielt Aron in jeder Hand eine Gabelhälfte.

»Aber warum?«, hakte Onkel Ignus nach.

»Vielleicht, weil wir schon vor Stunden zurück sein sollten? Jedenfalls ist sie stinksauer und will uns abholen.«

»Mex?« Zoes Blick durchbohrte mich wie ein frisch angespitzter Pfeil. »Hast du nicht gesagt, sie hätte uns zum Camp geschickt?«

Ich schluckte.

»Ich fass es nicht!«, zischte Aron. »Er verarscht uns die ganze Zeit. Alles, was er wollte, war zum Bohrcamp kommen.«

»Jetzt entspannt euch mal«, mischte sich mein Onkel ein. »Wenn Clarissa mitkriegt, wie gut wir zurechtkommen«, er zeigte auf die leere Pfanne, »dann verleiht sie uns sicher noch einen Orden. Das hier ist doch erstklassiger Praxisunterricht.«

Wir guckten ihn an wie einen Orca im Ballettröckchen.

»Übrigens, Aron«, fuhr er fort, »da du dich ums Kochen und Tischdecken gedrückt hast, könntest du eigentlich den Abwasch übernehmen. Hinter meinem Sitz findest du einen Wasserkanister und zwei weiße Eimer. Einen zum Spülen, einen zum Trocknen, alles klar?«

Ich wollte gerade anmerken, dass jetzt nicht der optimale Zeitpunkt war, um den Abwasch zu klären, da sagte Aron leise, aber sehr bestimmt: »Nein!«

»Wie, nein?« Zoe musterte ihn verblüfft.

»Wir werden nicht darauf warten, dass sie uns am Halsband zurückschleift. Ich jedenfalls nicht!«

»Und was willst du dagegen machen?«, fragte ich.

»Weiterfahren!«

»Was soll das denn heißen?« Verständnislos guckte Zoe zwischen mir und ihrem Bruder hin und her.

»Wir stecken fest, Aron, schon vergessen?«, sagte ich.

»Dann sehen wir eben zu, dass wir die Kiste wieder freikriegen!«

Kam das wirklich von ihm?

»Dafür müssten wir aber rausgehen«, bemerkte ich vorsichtig. »Und draußen tobt das dickste Whiteout seit Erfindung der Farbe W…« Ich sah aus dem Fenster. Der Sturm hatte sich halbwegs gelegt. Immer noch wirbelten jede Menge Schneeflocken durch die Luft, aber mit meinem Fernglas konnte ich das Bohrcamp schon wieder schemenhaft erkennen. Und Tatsache war, wenn wir die Kiste flottbekämen, konnten wir dort sein, bevor Clarissa uns einholte. Dann würde ich mich in Sachen Bohrkern so nützlich machen, dass ihr Donnerwetter auf einen feinen Nieselregen zusammenschrumpfen dürfte. Meine Stimmung hellte sich schlagartig auf und ich erklärte feierlich: »Bin dabei!«

Wie ein Westernheld bei High Noon streckte Onkel Ignus seine rechte Hand flach aus. »Alle oder keiner! Braucht ja niemand zu erfahren, dass wir mit unserem heißen Schlitten steckengeblieben sind.«

Ohne zu zögern legte Aron seine Hand drauf, dann ich meine, sodass es nur noch an Zoe hing.

»Komm schon«, bat ich, »wir brauchen zum Schieben jedes Gramm Gewicht!«

Onkel Ignus hob eine rohe Kartoffelscheibe vom Boden auf. »Dann sollte ich die wohl lieber noch essen.«

Da musste selbst Zoe grinsen. »Okay, aber nur, wenn eine saftige Geschichte für die *Tutum News* dabei rausspringt.« Sie legte ihre federleichte Hand auf meine. »Mit Exklusivinterviews aller Beteiligten.«

Das war ein Deal!

Machst du Witze?

In meinen Antarktisbüchern stand, dass man bei einem Whiteout nie ungesichert nach draußen gehen sollte. Und auch wenn sich der Flockenwirbel abgeschwächt hatte, war ich heilfroh, als ich in einer der Sitzbänke ein langes orangefarbenes Seil fand. Nacheinander schlangen wir es uns ums linke Handgelenk und stiefelten, fest verbunden, im Gänsemarsch aus dem Bully. Erst Onkel Ignus, dann Zoe, dahinter ich und zum Schluss Aron.

Langsam tasteten wir uns um das Fahrzeug herum. Ich sah nicht sehr viel mehr als mit einem weißen Eimer auf dem Kopf. Hätten wir das mal geübt! Schritt für Schritt näherten wir uns dem Hinterteil des Bullys, das so plötzlich abgesackt war.

»Stopp!«, rief Onkel Ignus. »Keinen Schritt zur Seite! Hier gehts steil nach unten.«

Ich blieb stehen wie schockgefrostet und musste an Clarissas Worte von den Rissen im Eis denken. Von vorn spürte ich keinen Zug mehr am Seil, also stand wohl auch Zoe still. Niemand von uns hatte Lust, in einen Eisspalt zu rutschen.

Angestrengt lauschte ich auf die Geräusche ringsum. Ein unheimliches Knacken drang durch das leise Jaulen des Windes und verpasste mir eine satte Gänsehaut.

»Was ist das?«, rief Aron hinter mir. »Klingt wie ein hungriger Eisbär.«

»Kapiers endlich, in der Antarktis gibt es keine Eis... Aron?« Das Seil, das von meinem Handgelenk zu ihm nach hinten führte, zerrte mich so straff zurück, dass ich beinahe gestürzt wäre. »Aaaron!«, schrie ich aus Leibeskräften.

»Was ist passiert?«, brüllten Onkel Ignus und Zoe.

»Er ist ... weg.« Ich taumelte, stürzte jetzt doch der Länge nach hin und rutschte seitlich auf die Ketten des Bullys zu. Auf einmal hing mein Oberkörper knapp neben den Ketten in der Luft. Zitternd tastete ich mit meiner freien Handschuhhand das Eis ab. Unter mir war ein rund 80 Zentimeter breiter Spalt! Und aus dem drang auch das unheimliche Knacken. »Aaaron«, schrie ich. »Hörst du mich?« In zwei, drei Metern Tiefe entdeckte ich etwas Rotes: seinen Polaranzug. Er war tatsächlich da reingerutscht!

»Hilfe!«, drang seine Stimme dünn zu mir rauf.

Jetzt erreichten auch Zoe und Onkel Ignus den Spalt. Wir mussten alle haarscharf daran vorbeigestiefelt sein. Außer Aron.

»Bist du verletzt?«, schrie Zoe voller Angst zu ihm runter.

»Ich glaube nicht. Aber ich ... ich rutsche. Hilfe!«

»Ein Riss im Eis«, murmelte ich. »Aron, wie tief ist es unter dir?«

»Mex, hast du sie noch alle?«, schrie Zoe. »Aron, nicht runtergucken!«

Mit hochrotem Gesicht beugte sich mein Onkel über den Spalt. »Junge, Junge, habe ich nicht gesagt: Keinen Schritt zur Seite?!«

»Aber zu welcher, hast du nicht gesagt«, jammerte Aron.

»Tief durchatmen und nicht bewegen!«, ordnete Onkel Ignus an. »Mir fällt gleich was ein.«

Das Seil zerrte an meinem Handgelenk. Ich versuchte krampfhaft, mich an der Eiswand abzustützen.

»Hier, haltet euch daran fest!«, rief mein Onkel. »Endlich ist das Ding mal zu was nütze.«

Neben mir glitt eine dicke rote Schlange in den Spalt hinab. Einen Sekundenbruchteil glaubte ich an eine Fata Morgana, schließlich ist auch eine Eiswüste eine Wüste. Dann erkannte ich, dass es doch keine Schlange war, sondern Onkel Ignus' Feuerwehrschlauchgürtel, und ich griff zu. Unter mir hatte Aron das Ding jetzt auch gepackt und klammerte sich daran wie ein Ertrinkender.

So bekamen wir eine Verschnaufpause, aber die Lösung war das nicht. Wir brauchten Hilfe! In meinem Ärmel drückte das Funkgerät, das ich nach dem Gespräch mit Clarissa dort verstaut hatte. Na klar, ich konnte Ernesto anfunken! Er hatte Jan, Betty und Viktor wieder zum Bohrcamp gefahren und war ganz in der Nähe. Kopfüber in dem Eisspalt hängend und durch den Strick mit der linken Hand an Aron gefesselt, zog ich das Gerät mit der rechten raus.

Ernesto stellte keine Fragen. »Ich bin in zehn Minuten bei euch«, sagte er nur. Ich atmete auf. Allerdings musste auch er dafür durchs Whiteout. Würde er uns finden?

»Halt noch zehn Minuten durch!«, rief ich zu Aron runter. »Dann holt Ernesto uns hier raus.«

Aron antwortete nicht. Nur sein Atem drang in kurzen, rasselnden Stößen zu mir hoch.

»Ignus, tu was!«, schrie Zoe. »Du bist doch ein Held!«

Mein Onkel schwieg.

Das Knacken wurde lauter. Was, wenn der Spalt noch weiter aufriss und Aron und mich einfach verschluckte? Lonny, schick mir eine Eingebung, bitte!

Ich will nicht behaupten, dass die Verbindung zu meinem besten Freund über Tausende von Kilometern astrein funktionierte, aber plötzlich klingelte es in meinem Schädel und ich plapperte los: »Hör zu, Aron! Warum brauchen Ostfriesen fünf Leute, um eine Glühbirne einzuschrauben?«

»Machst du Witze, Mex?«, schrie Zoe. »Aron, hör einfach nicht hin! Konzentrier dich aufs Atmen!«

»Weil … weil einer auf dem Tisch steht und vier ihn drehen«, hechelte Aron hoch. »Der ist sooo alt.«

Ich war platt. Er hatte zugehört. Also weiter! »Gehen zwei Zahnstocher im Wald spazieren. Kommt ein Igel vorbei. Sagt der eine Zahnstocher zum anderen …«

»›Wusstest du, dass hier 'n Bus fährt?‹ – Mex, was soll daran witzig sein?«

Angestrengt durchwühlte ich mein Hirn. Aber alle Witze, die ich kannte, waren aus der Steinzeit.

»Ich … ich kriege keine Luft mehr!«, stammelte Aron.

»Doch«, brüllte Zoe, »du musst weiteratmen!«

»K...k...kommt ein Eisbär an einer Eisscholle vorbei, auf der ein Pinguin sitzt«, improvisierte ich drauflos. »Freut sich der Eisbär: ›Hm, lecker Mittagessen!‹ Der Pinguin lacht: ›Sag mal, hast du in Bio nicht aufgepasst?‹«

Stille unter mir.

»Aron«, rief ich. »Bist du noch da?«

Nichts. Mein Puls ging auf Turbo. War er bewusstlos?

»Ich glaub, jetzt hab ichs mir gemerkt«, hörte ich plötzlich seine Stimme. »In der Antarktis gibts keine Eisbären.« Und dann kicherte Aron. »Der ist gut, Mex, richtig gut! Du solltest Komiker werden.«

Vor lauter Erleichterung kicherte ich mit. Wir hingen in einem Eisspalt fest und lachten wie bescheuert.

»Alles in Ordnung, Mex?«, rief Onkel Ignus.

»Alles in Ordnung, Aron?«, rief Zoe.

In dem Moment hörte ich Motorengeräusche. Und dann tauchte auch schon Ernesto neben mir auf.

»Ich komme jetzt über eine Strickleiter runter«, erklärte er. »Die hängt fest an meinem Bully. Also keine Panik, Aron, ich hole dich und Mex da raus!«

Wir hatten keine Panik mehr. Wir kicherten. Und als wir alle zusammen in unseren Bully kletterten, kicherten wir immer noch. Zoe fiel erst ihrem Bruder um den Hals, dann mir, während Onkel Ignus die Pfannen schrubbte.

»Musste ja schiefgehen«, murmelte Aron.

Dabei war es noch mal gutgegangen.

»Danke, Ernesto!«, sagte ich aus tiefstem Herzen.

Mein Onkel seufzte. »Wir hätten dich zu gern eingeladen, aber die Bratkartoffeln sind leider aus.«

»Dann schleppe ich euch wohl erst mal zum Bohrcamp ab«, sagte Ernesto. »Das ist am nächsten.« Dabei zwinkerte er mir unauffällig zu. Er band unseren Bully mit einem dicken Seil an seinen, zog ihn mit voller Motorkraft aus dem Eisspalt und startete durch.

Ich konnte mein Glück nicht fassen.

Am Puls der Welt

Wie ein kleines Geisterdorf tauchten die drei Zelte des Bohrcamps vor uns auf und kurz darauf bremste Ernesto vor dem größten Zelt.

»Was wirst du den anderen sagen?«, fragte ich ihn, als wir ausgestiegen waren.

»Hängt davon ab, was du ihnen sagst.«

Wenn ich das wüsste ... Ich zog mir die Kapuze noch tiefer ins Gesicht und stemmte mich gegen den böigen Wind, bis ich den Eingang des größten Zeltes erreichte. Leise huschte ich hinein.

Das Zelt war etwa zehn Meter lang und drei breit. In der Mitte lagen in einer aufgebockten Metallschiene mehrere einen Meter lange Eiszylinder mit einem Durchmesser von rund zehn Zentimetern. Die Bohrkerne! Mir wurde schwindelig. Ich hatte es doch noch geschafft!

Ich schlich näher. Über einen der Kerne beugten sich Jan und Betty. »Diese winzigen Luftbläschen hier sind auffällig«, murmelte Betty.

»Weil es so viele sind?«, fragte Jan.

»Ja. Als ob etwas sehr Kleines unter Wasser sehr schnell ausgeatmet hätte.«

Mit bloßen Augen röntgte ich dieses geheimnisvolle Stück Eis.

»Du meinst ...«, setzte Jan an.

»... sie könnten von einem dreiköpfigen Mini-Oktopus stammen?«

Jan und Betty fuhren herum, als hätten sie einen Stromschlag bekommen.

»Mex!«, rief Betty. »Was machst du denn hier?«

Jan hob die Augenbrauen. »Das würde mich allerdings auch interessieren.«

Es war, als würde der Dampf meines Atems in der Luft zu Eis gefrieren und in scharfkantigen Würfeln klirrend zu Boden fallen, so frostig fühlte sich das folgende Schweigen an.

»Wir, wir ... eigentlich wollten wir ...«

»... den kleinen Pinguin retten«, hörte ich Zoes Stimme hinter mir. Ich drehte mich um.

Durch den Zelteingang kam auch Aron. »Und die Nachbarstation besuchen.«

»So ein Bully unterm Hintern ist wirklich was Feines«, ergänzte mein Onkel, der ebenfalls eintrat.

»Ist ja noch mal gut gegangen«, sagte schließlich Ernesto.

Jan griff sich an den Kopf. »Das ist doch nicht zu fassen! Ich funke sofort Clarissa an.«

»Bitte nicht«, flehte ich. »Ich hab mir so sehr gewünscht, hierherzukommen. Ich will Forscher werden. Und wie soll das gehen, wenn ich euch nicht mal zugucken darf?« Ich sah zu Zoe und Aron. »Ja, es stimmt, der Pinguin an der Wetterstation war nur ein Vorwand. Tut mir leid. Aber wenn ich die Wahrheit gesagt hätte, wärt ihr doch niemals mitgekommen.«

Zoe schluckte. »Eigentlich müssten wir Ma Bescheid sagen.« Sie warf einen kurzen Blick zu ihrem Bruder. »Aber irgendwie bin ich auch froh, hier zu sein. Ich will mit eigenen

Augen sehen, ob eure Forschung okay ist. Ob ihr den letzten unberührten Kontinent kaputtmacht oder ihn schützt.«

Mir stand vor Staunen der Mund offen.

Jan wollte etwas erwidern, aber Betty legte ihm eine Hand auf den Arm: »Wenn das so ist, dann kommt mal mit!«

Gespannt folgten wir den Forschern hinaus zu einem Stahlgerüst, das die Form einer schlanken Pyramide hatte. In der Mitte befand sich ein großes, trommelartiges Metallgebilde.

»Das ist unsere Bohrstation«, erklärte Betty. »Wir bohren hier nur mit heißem Wasser ins Eis. Das Loch ist 200 Meter tief. Das letzte Stück bis zum Süßwassersee arbeiten wir mit Unterdruck. Dadurch steigt das Süßwasser in den Bohrgang und gefriert. Dann können wir es als Eiskern heraufziehen und untersuchen.«

Ich bekam eine Gänsehaut. Das war es, was ich wollte. Dabei sein, wenn etwas so Spannendes erforscht wurde!

»Und dabei macht ihr nichts schmutzig?«, fragte Zoe. »Da kommt kein Öl rein, kein Dreck? Ihr schleppt keine Viren oder Bakterien in den See ein?«

Betty schüttelte den Kopf. »Deshalb der Unterdruck. Diese wunderschöne Eiswelt soll ja intakt bleiben. Klar, jeder menschliche Eingriff in die Natur birgt gewisse Risiken. Allein dass wir hier sind mit unserer Station, unseren Fahrzeugen, unseren Geräten verändert den Ort. Aber wir sind Forscher. Wir wollen die Welt immer besser verstehen, auch damit wir sie erhalten können. Und hier wollen wir herausfinden, welches Leben tief unter dem Eis möglich ist.«

»Dreiköpfige Oktopusse«, murmelte ich fasziniert.

»Was?«

»Nichts, äh ... erforscht ihr auch die Vergangenheit, als die Antarktis noch grün war?«

»Zumindest in die Richtung«, sagte Betty. »Bei unserer nächsten Expedition bohren wir noch tiefer ins Festeis. Durch die Verdichtung des Schnees bildet sich jedes Jahr eine neue Eisschicht. Und die darin eingeschlossenen Luftbläschen geben uns Hinweise auf Klimaveränderungen.«

»Ich weiß«, platzte es aus mir raus. »Der älteste Eisbohrkern enthält Schichten von vor 900.000 Jahren. Acht Eiszeiten sind daran ablesbar.«

»Wow, du kennst dich echt aus!« Betty lächelte. »Bald sollen sogar Eiskerne von vor anderthalb Millionen Jahren geborgen werden. Aber wir schauen nicht nur in die Vergangenheit, sondern auch in die Zukunft. Durch Eisbohrungen haben wir herausgefunden, dass einige Gletscher an der Grundlinie bereits anfangen zu schmelzen. Der Meeresspiegel wird steigen und ...«

»... die Küsten überfluten«, ergänzte Zoe.

»Exakt! Wir wollen dazu beitragen, das noch rechtzeitig zu verhindern«, sagte Betty. »Und die Bohrkerne helfen uns dabei.«

Zoe zog ihr Handy aus der Tasche. »Darf ich?« Sie machte ein paar Fotos.

»Was wir hier tun, ist hochkomplex«, mischte sich nun auch Jan ein. »Man braucht dafür eine lange Ausbildung und sehr, sehr viel Erfahrung.« Er sah mir fest in die Augen.

Ich hielt seinem Blick stand. »Praxis ist die beste Ausbildung, stimmts, Onkel Ignus?«

»Sag ich ja immer«, bestätigte der.

Das gab mir Aufwind. »Ich koche auch Kaffee und putze das Mikroskop, bis ich dann so weit bin, voll mitzumachen ... Bitte, können wir noch ein Weilchen bleiben?«

»Lieber würde ich euch um eine sehr wichtige Unterstützung bitten«, sagte Betty. »Der Bohrkern mit den vielen Luftbläschen, den ihr im Zelt gesehen habt, muss so schnell wie möglich ins Labor. Die Kollegen auf *Tutum* warten schon ungeduldig, denn er könnte unsere Forschung einen großen Schritt voranbringen.«

Das war meine Chance! »Ich hänge mich voll rein, versprochen! Und nur für den Fall, dass ein Name für eine neu entdeckte Tierart gesucht wird, meiner wäre noch frei ...«

»Eins nach dem andern, Mex«, erklärte Betty.

Grinsend sah ich Aron und Zoe an. »Ich habs wohl einfach geahnt.«

Ungläubig schüttelten die beiden die Köpfe.

Aber Onkel Ignus war Feuer und Flamme. »Also für die Forschung lege ich gern noch einen Zahn zu. Das wird eine heiße Fahrt, was, Mex?«

»Wohl kaum!«

Ich erstarrte zum Eiszapfen. Hinter meinem Onkel tauchte Clarissa auf.

»Ignus, was immer dir zu deiner Rechtfertigung einfällt, es wird dir nichts nützen. Ich habe dir meine Kinder anvertraut und du hast sie in Lebensgefahr gebracht!«

»Aber, Chefin, ich hab mir diese Nebelsuppe nicht ausgesucht und ich glaube, der Bully ist komplett heil geblieben.« Er kam ganz außer Atem. »Du wirst mir doch die paar abgezweigten Kartoffeln nicht verübeln?«

»Dio, um Kartoffeln geht es hier nicht, sondern um Verantwortung. So leid es mir tut, denn ich mag dich wirklich gern, da kann ich keine Ausnahme machen. Du bist hiermit fristlos entlassen!«

»Das ... das ist alles nicht so, wie du denkst«, stammelte mein Onkel.

»Ich denke nicht, Ignus, ich sehe den Tatsachen ins Auge. Und die sprechen gegen dich. Leider.«

Nein, sie sprachen vor allem gegen mich. Aber ich hatte einen so fetten Kloß im Hals, dass ich kein einziges Wort rausbrachte.

»Tut mir leid für euch«, sagte Jan leise, nachdem Clarissa mit Aron und Zoe zum Hauptzelt abgerauscht war, »aber so sind nun mal die Stationsregeln. Niemand darf sich unerlaubt von *Tutum* entfernen, schon gar nicht Kinder.«

Ich wusste, was das bedeutete. Mit Onkel Ignus' Entlassung war auch mein Antarktiseinsatz ein für alle Mal beendet.

Auf dem Rückweg vom Bohrcamp fuhr Clarissa auf ihrem Skidoo voraus. Wir folgten schweigend im Bully. Ernesto saß am Steuer, Aron guckte immer wieder zu mir rüber und Zoe blätterte lustlos durch die Fotos auf ihrem Handy. Mein Onkel zupfte an seinem Schlauchgürtel rum und setzte mehrmals an, als wollte er was sagen, aber dann hielt er doch den Mund. Und ich dachte an den Bohrkern auf dem Bullydach, dessen Geheimnisse ich nicht mehr würde lüften können. Nach einer gefühlten Ewigkeit erklommen wir den Hügel kurz vor *Tutum*. Wir passierten die Wetterstation, dann tauchten die übrigen Container vor uns auf und wenig später erreichten wir den Fuhrpark.

Als wir den Bully verlassen hatten und Clarissa von ihrem Skidoo abgestiegen war, brach sie das drückende Schweigen. »Die Twin Otter, mit der die Jury des *Antarktischen Pasta-Wettbewerbs* morgen einfliegt, wird euch am Sonntag nach Ushuaia, Feuerland, bringen. Von dort kommt ihr dann mit einem Airbus nach Hause.«

Damit war alles gesagt. Ruhmlos und gedemütigt würde ich in meine Familie, meine Schulklasse, mein ödes Leben zurückkehren. Paps würde mich wieder für einen Feigling halten, Mam wäre sicher, dass sie mich nie hätte fahren lassen dürfen. Vielleicht würde Emma mich trösten. Und Lonny, ja, was würde Lonny sagen? Wenn er an meiner Stelle gewesen wäre, hätte er diese Forschungskiste wahrscheinlich viel schlauer angepackt. Und am Ende wäre er als strahlender Held zurückgekehrt. Aber Lonny war eben Lonny und ich war ich.

»Schade«, flüsterte Zoe. »War echt spannend mit euch.«

»Schon gut«, murmelte ich. »Irgendwann komme ich noch mal vorbei.« Das war natürlich Blödsinn. Ich würde nie wieder einen Fuß auf die Antarktis setzen, denn ich hatte es gründlich verbockt. Und in solchen Fällen hält das Schicksal wohl kaum eine zweite Chance bereit.

Keine Helden weit und breit

Ernesto lieferte den Bohrkern allein im Forschungslabor ab. Da konnte ich noch so flehend blicken – Clarissa blieb hart.

Bevor wir zur Schnarchbude trotteten, gab sie uns noch Folgendes mit auf den Weg: »Eure letzten beiden Tage hier habt ihr frei. Ihr dürft die stazione nicht verlassen, aber zum *Antarktischen Pasta-Wettbewerb* morgen Abend seid ihr trotzdem herzlich eingeladen.«

Was sollten wir jetzt noch auf einem Fest?

In der Schnarchbude schlüpften wir aus unseren Stiefeln und warfen die Overalls ab, dann ließ Onkel Ignus sich auf sein Bett und ich mich auf die Isomatte fallen.

»So ein Mist«, brummte er wieder und wieder und schüttelte dabei den Kopf. »Weißt du, Mex, es ist ja nicht nur, dass mir die Kälte so gut bekommt. Dieser Ausflug mit euch dreien ... so viel Freude hat mir die Arbeit noch nie gemacht.«

Überrascht sah ich zu ihm rüber. »Auch nicht bei deinen Heldentaten, als du das Pferd gerettet hast oder die Kindergartenkinder oder ...?«

Mein Onkel schwieg. Vielleicht fiel ihm gerade ein, dass sein Leben damals noch um einiges aufregender gewesen war als heute. Für ihn würde es nicht schwer werden, an die alten Erfolge anzuknüpfen. Und in ein paar Wochen hatte er die Südpolpleite vergessen. Aber was wurde aus mir?

»Ich muss dir was gestehen«, murmelte er schließlich. »Diese ganzen Heldentaten, von denen ich euch erzählt habe, also das … das waren alles … Lehrbuchbeispiele.«

Verständnislos starrte ich ihn an. »Wie meinst du das?«

»Ich meine … was ich eigentlich tue ist … ich unterrichte angehende Feuerwehrleute im Umgang mit Gefahrensituationen. Ich bin Feuerwehrausbilder. Deshalb habe ich die Stelle hier auch bekommen. Natürlich dachte ich, ich soll Brandschutzkurse für die Forscher und Techniker geben, nicht für Kinder.«

Ich brauchte eine Weile, um zu kapieren, was er da gerade gesagt hatte. »Heißt das, du warst überhaupt nie im Einsatz?«

»Nur die ersten Jahre nach der Ausbildung, aber das ist eine Ewigkeit her und war auch nichts Besonderes.«

»Und die Asche, die du gegessen hast?«

»Stammt noch von eurem Weihnachtsbaum.«

»Warum? Ich meine, warum hast du uns das dann alles erzählt?«

»Na ja, Zoe hat immer nachgefragt und war so begeistert. Wolltest du nie ein Held sein?«

Ich schluckte. »Aber … warum sagst du mir das JETZT? Vermutlich wäre ich nie im Leben dahintergekommen.«

»Ich weiß.«

Ich konnte Onkel Ignus voll verstehen. Lonny gegenüber hatte ich mit meiner Forscherkarriere auch viel zu dick aufgetragen.

Ich trat ans Fenster und suchte die Wetterstation nach Emma ab. Sie war nicht zu sehen. Dafür hörte ich ganz leise eine merkwürdige, melancholische Melodie, die mich an das Mauzen einer Katze mit Bronchitis erinnerte. Das konnte nur Ernesto in der Werkstatt mit seiner Ukusaune sein.

Bald mischten sich die gleichmäßig rasselnden Atemzüge meines Onkels in die schräge Melodie. Wenigstens er konnte jederzeit schlafen. Meine Uhr zeigte acht am Abend. Wir hatten das Essen in der Messe verpasst, ohne es zu merken. Draußen war es taghell, aber Müdigkeit und Erschöpfung schlugen jetzt auch bei mir so richtig zu. Nur eine Sache wollte ich vor dem Schlafen noch erledigen. Ich nahm mein Handy und tippte:

Lieber Lonny,
es ist alles aus! Meine Expedition ist gescheitert. Ich habe nichts erforscht, nichts entdeckt, keine Heldentat vollbracht. Im Gegenteil, denn es gab nie einen Auftrag. Keiner braucht Mex Ploro zur Erforschung der Antarktis. Das machen hier nur die Erwachsenen. Aber weißt du, was das Schlimmste ist? Onkel Ignus ist entlassen worden, weil ich ihn in diese Expeditionssache reingezogen habe. Aron hätte dabei draufgehen können. Und Clarissa macht meinen Onkel dafür verantwortlich. Er ist total unglücklich, weil es ihm hier wirklich gut geht, verstehst du? Nicht nur wegen seiner Knie. Er liebt die Kälte und die dicken Pistenbullys und vielleicht auch Clarissa.

Dabei ist es meine Schuld. Ich hab die ganze Kiste eingefädelt und verbockt! Du ahnst, was das bedeutet? Bald helfe ich dir wieder beim Fußnägelabkauen. Jetzt bist du enttäuscht, was? Tja, ich war nie ein Held und werde wohl auch nie einer sein, leider.
Traurige Grüße
Mex

Als ich morgens aufwachte, war Onkel Ignus' Bett schon leer. Ich hatte ein elend trockenes Gefühl im Mund und fürchterlichen Hunger. Aber bevor ich mich anzog und in die Messe ging, guckte ich noch schnell auf mein Handy, ob ich eine Nachricht von Lonny hatte. Yep!

Jetzt sperr mal die Augen auf und lass dir jeden Buchstaben einzeln auf der Zunge zergehen: Ja, ich bin enttäuscht, sogar sehr! Der Mex, den ich kenne, muss gar kein Held sein. Aber er hat einen Arsch in der Hose, bleibt nicht bei der kleinsten Reifenpanne jammernd im Straßengraben liegen und zahlt seine Rechnungen selbst. DESHALB ist er mein bester Freund. Klar so weit?
Lonny

Ich las den kurzen Text dreimal. Fünfmal. Zwanzigmal. Dann warf ich mich in meine zwei Polaranzüge, trotzte dem eisigen Wind und stapfte zur *Oase*.

    Wie vermutet fand ich Clarissa in der Küche. Ich konnte sie durch die Durchreiche von der Messe aus sehen, in der die ersten Bewohner von *Tutum* beim Frühstück saßen. Mein Onkel war nicht dabei. Während Nemo in Vorbereitung auf den Pasta-Wettbewerb Töpfe, Pfannen, Teller, Besteck und Servietten sortierte, polierte Clarissa einen silbernen elektrischen Kerzenleuchter. Plötzlich schepperte was.

»Dio, tut mir leid. Ich habe so schlecht geschlafen.« Sie hob den Leuchter vom Boden auf.

»Bist du nervös wegen heute Abend?«, fragte Nemo.

»Nein, oder doch, auch. Specialmente macht mir die Sache mit Ignus zu schaffen. Bestimmt hat er sich nichts Böses dabei gedacht, aber er hat die Kinder in große Gefahr gebracht. So einen Leichtsinn kann ich hier nicht durchgehen lassen. Die Antarktis ist einfach kein Spielplatz!«

»Versteht doch jeder«, erwiderte Nemo. »Du musstest ihn feuern.«

»Ja, musste ich.« Ihre Stimme klang so trübe wie das Wetter draußen.

»Clarissa?«, rief ich leise durch die Durchreiche. »Kann ich dich kurz sprechen?«

»Mex? Sicher. Ich komme nach vorn.«

Und dann erzählte ich ihr alles. Von meinem Plan, den kleinen Ausflug zu nutzen, um das Bohrcamp zu finden, von den Koordinaten, die ich mir in ihrem Büro gemerkt hatte, und vor allem von dem gefälschten Funkruf und unserem vermeintlichen Auftrag, den Bohrkern abzuholen. »Für das alles kann doch mein Onkel nichts«, schloss ich.

»Stimmt«, sagte sie.

»Heißt das, wenigstens er darf bleiben?«
»Bist du deswegen zu mir gekommen?«
Ich nickte.
»Das ist anständig von dir. Aber du bist nur ein Kind, Mex. Die Verantwortung trägt er.«

Ich schluckte. Wieder mal war ich nur ein Kind. Und für Kinder war es, wie es aussah, gar nicht so leicht, die eigene Rechnung auch selbst zu bezahlen.

Alarm auf Tutum

Ich weiß nicht, was ich an diesem Tag noch gemacht habe, außer meine Sachen zusammenzupacken und durchs Fenster zu beobachten, wie ein Skidoo mit Schneefräse hintendran die Landebahn für das Kleinflugzeug der Jury vorbereitete, das wenig später aufsetzte. Ich weiß nur, dass mein Onkel lange draußen im Schnee gesessen und wie ein Seehund mit Wasserverbot traurig vor sich hin gestarrt hat. Nicht mal essen wollte er. Und das ist bei ihm schon ein ganz schlechtes Zeichen.

Deshalb war er trotz Clarissas Einladung auch nicht dabei, als *Tutum* abends um den Sieg im *Antarktischen Pasta-Wettbewerb* kämpfte.

Ich schon. Vielleicht ist das nicht normal, aber ich muss immer RICHTIG Abschied nehmen, wenn ein Abschied nicht zu vermeiden ist. Mir alles noch mal genau einprägen. Die Menschen, die Orte, die Geräusche und Gerüche. Vor allem aber war ich hier, um Ernesto, Aron und Zoe zu treffen. Wahrscheinlich hätte ich das nicht laut gesagt, aber ich mochte sie alle drei. Ernesto mit seiner verrückten Musik, auf den zu 100 Prozent Verlass war. Zoe mit den schönen blauen Augen, ihrer unbändigen Neugier und ihrem beherzten Einsatz für die Umwelt. Ja und sogar Aron mit seinen Horrorvisionen, der mehr Mumm in den Knochen hatte, als er ahnte. Lonny würde immer mein bester Freund bleiben, aber hier in der rauen weißen Unendlichkeit hatte ich auch neue Freunde gefunden. Sie zu verlassen, fiel mir fast noch schwerer, als meinen Forschertraum an den Nagel zu hängen.

Gegen 19 Uhr versammelten sich alle Bewohner von *Tutum* in der mit Lichterketten, weißen Tischdecken und elektrischen Kerzenleuchtern festlich rausgeputzten Messe. Es war voll wie nie seit meiner Ankunft. Zu den eigenen Leuten kamen noch die drei Jurymitglieder, die an einem extra Tisch saßen. Zoe hatte mich an ihren und Arons Tisch gewinkt. Dankbar setzte ich mich dazu.

Dann eröffnete Clarissa den Abend. Sie trug ein bodenlanges schwarzes Kleid, Absatzschuhe und eine dicke rote Kette um den Hals. Toll sah sie aus! Aber ihre Bewegungen wirkten fahrig.

»Verehrte Gäste, liebes Team von *Tutum* und ein herzliches Ciao an die beteiligten Nachbarstationen, die unser Fest heute live auf dem Bildschirm verfolgen können! Wir freuen uns, auch in diesem Jahr wieder am großen *Antarktischen Abschiedswettbewerb* ... äh ... äh ... *Pasta-Wettbewerb* teilzunehmen. Leider hat unsere Nudelmaschine gestern endgültig das Zeitliche gesegnet, deshalb mussten Nemo und ich uns diesmal etwas ganz Besonderes einfallen lassen. Es ist alles Handarbeit, aber ich will nicht zu viel verraten, sonst wird das Vertrauen kalt. Also ... das Essen natürlich. Buon appetito! Lasst es euch schmecken!«

Leicht irritiert klatschten die Forscher und Jurymitglieder Beifall, aber Clarissa schien das gar nicht zu bemerken. Sie blickte zu uns, und als sie meinen Onkel nicht entdeckte, hoben sich ihre Augenbrauen.

Dann kam Ernesto in schwarzem Frack und jonglierte große Teller aus der Küche zum Tisch der Jury. Mit der nächsten Fuhre servierte er uns die Überraschung. Clarissa und Nemo hatten Teigtaschen in Pinguinform gezaubert, die mit gerösteten Pinienkernen gefüllt waren. Dazu gab es gebratene Fischwürfel in Zitronensoße, garniert mit Erdbeeren und Minzblättchen aus dem Gewächshaus. Alles sah oberlecker aus.

Zoe schoss ein paar Fotos von den kleinen Pinguinen, bevor sie einen nach dem anderen mit grimmiger Miene verschlang. »Diesmal wird sie gewinnen!«

Aron saß reglos vor seinem gefüllten Teller, ohne etwas anzurühren. Klar, er mochte ja keine Nudeln.

Ich warf einen Blick zum Tisch der Jury. Die drei nickten immer wieder und leckten sich genüsslich die Lippen. Sah gut aus für Clarissa. Ich freute mich ehrlich für sie.

Zum Nachtisch gab es Mokkaeis auf Honigmöhren. Ein wohliges Seufzen ging durch die Messe. Alle wollten Nachschlag und Clarissa strahlte endlich. Als die Letzten aufgegessen hatten, setzte ein begeistertes Füßetrappeln ein. Die Jurymitglieder notierten eifrig alles Mögliche auf ihren Testbögen.

Da stand Clarissa auf und erhob ihr Sektglas. »Grazie, vielen Dank euch allen! Ich bin sehr glücklich, heute hier zu sein und dieses Pasta-Fest mit euch zu …«

In dem Moment ging die Tür auf und mein Onkel kam rein. Feine Schneeflocken bedeckten seinen Polaranzug von Kopf bis Fuß. Selbst in seinem orangegrauen Zweitagebart hatten sich welche verfangen. Das erinnerte mich an den

Schaumbart, den er Clarissa bei unserer Löschübung aus Versehen verpasst hatte. Onkel Ignus stiefelte nach vorn, nestelte nervös an seinem Schlauchgürtel rum und räusperte sich.

»Entschuldigt die Störung, aber ich muss noch etwas loswerden, bevor ihr mich loswerdet. Liebe Clarissa, du bist der schärfste Chef, den ich jemals hatte!«

Ach du heiliger Gletscher!

Clarissa rutschte das Sektglas aus der Hand.

Wie in Zeitlupe sah ich es fallen. Aber es fiel nicht auf den Tisch, sondern auf den silbernen Kerzenleuchter, der vor ihr stand. Es gab einen Knall, der Leuchter fiel um und alle Lichter im Raum gingen aus. Auch der Bildschirm der Live-Übertragung wurde schwarz. Wahrscheinlich war die Sicherung rausgesprungen. Plötzlich schoss eine Stichflamme aus dem Leuchter hoch und tauchte die normalerweise so nüchterne Messe in unwirkliches goldenes Licht.

»Kabelbrand!«, schrie mein Onkel. »Alle raus hier! Die Kinder zuerst!« Dann rannte er zum Feuerlöscher an der Wand und riss ihn aus der Halterung. Doch die Flamme hatte schon die Tischdecke erfasst.

Jetzt sprang auch der Brandmelder mit einem schrillen Alarmton an. Die Forscher, Techniker und Jurymitglieder steuerten geordnet auf den Ausgang zu. Offenbar hatten sie so was schon geübt.

Zoe machte schnell ein Foto, dann nahm sie Arons Hand und lief mit ihm hinaus.

Ich starrte in die Flammen und zu meinem Onkel und war nicht wirklich überrascht, dass es tatsächlich hier brannte. Vielleicht lag es an dem Kerzenleuchter, der heute früh runtergefallen war und womöglich einen Schaden abbekommen hatte. Vermutlich hing es aber damit zusammen, dass Onkel Ignus hier war. Er zog Feuer einfach an. Nur wusste ich ja inzwischen, dass er kein Held war. Wer also würde uns und die Station retten?

Das Feuer breitete sich in atemberaubendem Tempo aus. Die Tischdecken brannten wie Zeitungspapier.

Ernesto packte mich am Arm und wollte mich mitziehen, aber mit einer schnellen Drehung entwand ich mich seinem Griff und rannte zum zweiten Feuerlöscher. »Ich helfe dir!«, schrie ich meinem Onkel zu und löste die Sicherung, so wie er es uns im Unterricht gezeigt hatte.

Wir türmten wahre Schaumgebirge über dem Feuer auf. Sie schwankten hin und her, bekamen Risse und lösten sich voneinander wie Eisberge vom Schelfeis, nur nicht mit ohrenbetäubendem Donnern, sondern lautlos. Es sah unwirklich schön aus.

Doch es reichte nicht. Das Feuer war schneller und die Löschgeräte bald leer. Schon brannte weiter hinten in der Lounge-Ecke die Couch.

»Fang auf, Mex!«, hörte ich plötzlich meinen Onkel rufen, der aus der Küche angerannt kam und einen Servierwagen hinter sich herzog. Darauf standen mehrere große Wasserkanister.

Im nächsten Moment klatschte mir etwas Metallisches gegen die Brust – das Ende eines Feuerwehrschlauchs. Das andere Ende wickelte sich Onkel Ignus in einer langen

Bahn vom Bauch und schloss den ersten Wasserkanister an. »Geht los!«, rief er mir zu, bevor er sein rechtes Knie auf den Kanister presste.

Wie ferngesteuert stürzte ich zur brennenden Couch und richtete den Schlauch auf das Feuer. Zunächst kamen nur ein paar dünne Tropfen raus, aber bald verbanden sie sich zu einem Strahl, mit dem ich die dicken Polster überschwemmte. Zitternd wie eine gefangene Riesenschlange wand sich das blassrote Schlauchende in meinen Händen. Bald konnte ich es nicht mehr festhalten.

Aber gerade, als es mir entglitt, sauste der Servierwagen auf knirschenden Rollen an mir vorbei und jemand fing den prallen Schlauch mit sicherem Griff ein. Ich erkannte meinen Onkel, der auf dem Wagen hing wie auf einem Präriehengst bei der Büffeljagd. Geschickt schloss er den nächsten Kanister an.

»Gleich hab ich dich!«, brüllte er dem Feuer entgegen und richtete den Wasserstrahl darauf wie einen Speer. Dann schrie er noch: »Nachschub, Mex!«

Endlich war ich hellwach. Ich zog eine Flasche aus einem nahe stehenden Sektkühler und kippte die Eiswürfel in die Flammen. Beißender Rauch stieg auf, es war kaum noch etwas zu sehen. Ich musste husten und die Augen tränten mir, aber ich machte weiter und leerte sämtliche Sektkühler Richtung Feuer aus.

Dann stürmte Ernesto auf mich zu, riss sich den Frack vom Leib, schwenkte ihn durch den Wasserstrahl aus Onkel Ignus' Schlauch und warf mir das nasse Teil über den Kopf. Widerwillig ließ ich mich zur Tür rausschieben.

Immerhin konnte ich mit Aron und Zoe durchs Fenster sehen, was drinnen weiter passierte. Ich zitterte, aber diesmal nicht vor Kälte, sondern vor Aufregung.

Mein Onkel sauste mit glühend rotem Kopf, die Füße zum Lenken benutzend, auf dem Servierwagen um die Tische, bis die letzte Flamme zischend in der Wasserschlacht ertrank. Doch dann konnte er den Wagen nicht mehr stoppen. Er riss den Tisch der Jurymitglieder um und das Kamerakabel der längst beendeten Live-Übertragung raus und krachte mit Karacho gegen die Rückwand der Messe. Wagen und Onkel brachen zusammen.

Clarissa, die wie paralysiert zugesehen hatte, schleuderte ihre High Heels von den Füßen, rannte zu ihm und schrie etwas. Sofort brachte Ernesto ihr die Erste Hilfe-Tasche und nur Sekunden später wickelte Clarissa einen straffen Verband um die Platzwunde auf der Stirn meines Onkels. In seinem Gesicht breitete sich ein glückliches Lächeln aus.

Mir knickten die Beine weg. Was für ein Tag!

Das Schicksal und seine Chancen

Als ich wieder zu mir kam, lag ich in der Krankenstation neben Clarissas Büro auf der Liege.

Onkel Ignus, mit Kopfverband, saß auf einem Rollhocker vor mir. »Mein Junge, wie gehts dir?«

Ich wollte etwas sagen, aber der Kloß in meinem Hals ließ es nicht zu. Wie ein Blitzlichtgewitter prasselten die Bilder des Abends auf mich ein. Das Festessen, Ernesto, Clarissas Rede, die Jurymitglieder, Zoe, Aron, Onkel Ignus und dann das Feuer.

»Wo sind die anderen?«, brachte ich schließlich mit Mühe hervor.

»Clarissa kümmert sich um ihre Kinder, Nemo versucht bei der Jury, den Pasta-Preis zu retten, und Ernesto räumt mit ein paar Forschern die Messe auf.«

»Und wie gehts dir?«

»Och, nur eine kleine Platzwunde.« Er tippte an seinen Verband. »Das wars allemal wert.«

»Ist sonst jemand verletzt?«

»Nein, niemand, zum Glück.«

Eine gute Nachricht! Tatsächlich tat mir auch nichts weh. Als ich mich erhob, fiel mein Blick auf die Wanduhr. Sie zeigte fünf Minuten nach Mitternacht. Der Tag unserer Abreise hatte begonnen. In neun Stunden würden wir die Station verlassen.

»Tja«, murmelte mein Onkel, »wenigstens haben wir uns noch einen würdigen Abgang verschafft, was, Mex?«

Ich bekam ein mattes Grinsen hin. »Du hast dich jedenfalls echt heldenhaft ins Zeug gelegt.«

»Ach, hör auf, ohne deine Hilfe hätte ich das nie geschafft. Glaubst du, du kannst laufen?«

Meine Beine fühlten sich zwar noch leicht puddingmäßig an, aber es ging. Also schlappten wir zusammen zur Schnarchbude. So still und weltfern wie in dieser Nacht mit ihrem rosafarbenen Himmel war mir die Station noch nie vorgekommen. Ein paar Polarlichter hätten jetzt gut gepasst, aber die waren im antarktischen Sommer leider nicht zu sehen.

Mein Rucksack und mein Seesack standen gepackt hinter unserer Zimmertür. Isomatte und Schlafsack würde ich später noch verstauen. Emmas winzige Plüschrobbe baumelte kopfüber am Rucksackträger. Sie hatte mir wohl doch kein Glück gebracht. Ich warf einen wehmütigen Blick durchs Fenster zur Wetterstation, wo Pinguin Emma sich vielleicht gerade wieder den Rücken wärmte. Dann schlief ich tief und traumlos bis zu meinem letzten Morgen in der Antarktis.

Noch einmal an der Handleine über fest gefrorenen Boden zur *Oase* stapfen, noch einmal einen Teller mit Brot, Butter, frischen Gewächshaustomaten und Käse beladen, noch einmal all die Gesichter sehen, die mir in den letzten Tagen so vertraut geworden waren.

Ernesto und die anderen mussten über Nacht mächtig geackert haben, jedenfalls waren die gröbsten Spuren der

Schaum- und Wasserschlacht beseitigt. Nur ein leichter Geruch nach Verbranntem hing noch in der Luft und die Couch fehlte.

Unser Gepäck hatten wir schon mitgebracht. Schweigend kauten wir an unseren Broten.

»Guten Morgen!« Zu meiner Überraschung kam Jan an unseren Tisch. Er war offenbar von der Bohrexpedition zurück und sah sehr zufrieden aus. »Mex, stell dir vor, der Bohrkern, den ihr mitgenommen habt, ist wirklich ein voller Erfolg. Da sind auf jeden Fall ein paar Lebewesen drin, das sagen zumindest die Kollegen im Labor. Sie vermuten, dass es Schwämme sind. Und so tief unterm Schelfeis haben wir noch nie eine filtrierende Lebensform gefunden. Heute will ich mir das Ding selbst genauer ansehen. Hast du zufällig Lust, dabei zu sein?«

Verwechselte er mich mit irgendwem oder fand er das witzig?

»Kann nicht«, murmelte ich, »sonst verpasse ich den Bus.«

Da kam auch Clarissa an unseren Tisch. »Ich finde, die Jury hätte uns den ersten Platz wegen des kleinen Feuerwerks nicht absprechen dürfen. Letztlich ist doch alles gut gegangen.«

»*Tutum* hat also nicht gewonnen?«, fragte ich.

Sie schüttelte den Kopf. »Leider. Aber im nächsten Jahr schaffen wirs!«

»An den Teigtaschen lags jedenfalls nicht«, sagte ich. »Die waren der Hammer!«

»Grazie.« Clarissa lächelte.

»Also dann ...« Mein Teller war leer und ich hielt die Abschiedsstimmung nicht länger aus. »War 'ne tolle Zeit hier«, murmelte ich. »Bisschen zu kurz, um mich komplett an die Kälte zu gewöhnen, aber ich finde, ich habe Fortschritte gemacht.« Ich stand auf und sah zu meinem Onkel.

Schwerfällig erhob er sich. »Ja, der beste Arbeitsplatz, den ich je hatte. Aber stimmt, man soll aufhören, wenn es am schönsten ist.«

Jan zeigte nach draußen. »Ich glaube nicht, dass bei dem Wetter ein Bus durchkommt. Geschweige denn ein Flugzeug.«

Tatsächlich hatte ein kräftiges Schneetreiben eingesetzt.

»Dann wird die Jury wohl heute nicht abreisen können«, sagte Clarissa. »Geschieht ihnen recht!«

»Heißt das, die Twin Otter startet erst morgen?«, fragte ich. Sollte ich mich über einen Tag Aufschub freuen? Nein, es fühlte sich eher an wie eine Verlängerung der Folter.

»Wenn das Wetter mitspielt ...«, sagte Clarissa. »Aber möglicherweise werden zwei Plätze frei bleiben.«

»Oh, da könnte Aron ja einen abbekommen«, überlegte ich laut. »Und auf dem zweiten Platz nehmen wir einfach noch ein paar Müllsäcke mit.« Ich sah Zoe an. »Damit hier nicht so viel liegen bleibt. Dann ist unsere Abreise wenigstens für was gut.«

Clarissa lächelte wieder. »Ich dachte an eure beiden Plätze.«

Verständnislos sahen mein Onkel und ich sie an. Was sollte das jetzt heißen?

»Könntet ihr euch denn vorstellen, es doch noch ein Weilchen hier auszuhalten? Um ehrlich zu sein, wir können es uns gar nicht leisten, auf einen so fähigen Feuerwehrmann und einen so fantasievollen Nachwuchsforscher zu verzichten.«

Uns klappten synchron die Unterkiefer runter.

»Aber ... aber ...«, stotterte mein Onkel, »ich habe doch wirklich Mist gebaut.«

»Nein, ich!«, warf ich ein.

»Das stimmt«, sagte Clarissa ernst. »Aber wenn es nötig ist, muss man eben auch mal eine Ausnahme machen. Ignus, du hast gestern Abend enormen Mut bewiesen und die stazione heldenhaft gerettet.« Sie strahlte ihn mehr als ausgiebig an. Dann wandte sie sich mir zu. »Und du, Mex, warst dabei eine große Hilfe.«

So langsam klingelte es bei mir. Hielt das Schicksal etwa doch noch eine zweite Chance bereit?

»Weißt du«, fuhr sie fort, »ich habe meinen Sohn gefragt, ob er deinen Platz im Flieger übernehmen will, wenn sich das Wetter bessert ...«

»Aber ich will nicht«, ergänzte Aron, der mit Zoe an unseren Tisch kam. »Inzwischen fängt es nämlich an mir hier zu gefallen.«

»Im E...E...Ernst?«, stotterte ich. »Auch wenn es hier kein Kino gibt und keine Imbissbude?«

»Dafür echte Verfolgungsjagden, Rettungsaktionen, Feuerwehreinsätze ...«

»Aber ... aber findest du das alles nicht viel zu gefährlich? Die Skuas, die Risse im Eis, die Baumwurzeln? Okay, die Sache mit den Eisbären haben wir geklärt.«

»Na ja«, erwiderte er, »wenn du auch hierbleibst, könnte es sein, dass ich meine Panik nach und nach in den Griff bekomme. Ich meine, falls dir die Witze nicht ausgehen.« Er grinste.

»Und mir könntest du als Antarktis-Fachmann bei meinem Blog helfen«, sagte Zoe. »Die Forscher haben ja nicht andauernd Zeit. Also?«

Ich brauchte nur zu nicken, um die schönste Entscheidung meines Lebens zu besiegeln. Ich nickte noch, als Ernesto an unseren Tisch kam und für den nächsten Tag eine erste Bandprobe mit der Ukusaune und seinen neuen Songs vorschlug. Sogar, als Zoe ihr Handy auf den Tisch legte, auf Aufnahme drückte und mich bat, für die *Tutum News* einen Exklusivkommentar zu den jüngsten dramatischen Ereignissen abzugeben, nickte ich. Dann zwinkerte ich Emmas Plüschrobbe zu, die sich in letzter Sekunde tatsächlich zum Glücksbringer gemausert hatte, und sagte mit fester Stimme: »Das wird mir zu Hause kein Mensch glauben!«

Aber es genügte nicht, dass Zoe und all die anderen auf *Tutum* davon wussten, dass ich es doch noch ans Ziel meiner Träume geschafft hatte. Die Sache ging vor allem jemanden an, dessen bester Freund einen Arsch in der Hose hatte, nicht bei der kleinsten Reifenpanne jammernd im Straßengraben liegen blieb und seine Rechnungen selbst bezahlte.

Hey Lonny,
du Hellseher! Ich komme nicht nach Hause, jedenfalls noch nicht. Im Gegenteil! Hier warten ein paar gut durchgefrostete Bohrkerne darauf, mir ihre Geheimnisse zu enthüllen. Angeblich gehts nur um primitive Schwämme, aber wer weiß, vielleicht ist doch ein dreiköpfiger Tintenfisch dabei. Du fragst dich, ob ich plötzlich erwachsen geworden bin, weil die Forscher mich mitmachen lassen? Tja, ganz so verheerend ist es dann doch nicht, glaub ich. Nur, wie sagte Clarissa so treffend? Manchmal muss man eben eine Ausnahme machen.
Danke für alles!
Dein Mex

Kleines Antarktis-Fachlexikon

Albatrosse …

… sind eine Familie großer Seevögel aus der Ordnung der Röhrennasen. Mit bis zu dreieinhalb Metern erreichen sie die größte Flügelspannweite aller lebenden Vögel. Sie sind ausgezeichnete Flieger, haben aber Probleme mit Start und Landung auf festem Grund. Außerdem können sie schwimmen und fressen hauptsächlich Tintenfische.

Krill …

… winzige garnelenförmige Krebstierchen, die riesige Schwärme bilden und Grundnahrungsmittel für Wale, Robben und Pinguine sind. Sie können im Dunkeln leuchten.

Messe …

… ein Speiseraum, in dem die Besatzung auf Schiffen und Forschungsstationen gemeinsam ihre Mahlzeiten einnimmt und auch ihre Freizeit verbringt.

Orcas …

… sind bis zu zehn Meter lange Wale aus der Familie der Delfine. Sie sind sehr intelligent, sozial und haben eine eigene »Sprache«. Die weltweit verbreiteten Orcas jagen in größeren Gruppen und ernähren sich vor allem von Fischen, Robben und Seevögeln. In Ausnahmefällen können die Weibchen an die 100 Jahre alt werden.

Pistenbullys ...
... sind große, robuste Geländefahrzeuge auf Ketten, die in verschiedenen Varianten auch in der Antarktis zum Einsatz kommen.

Sastrugi ...
... vom Wind verursachte, stromlinienförmige Rillen im Schnee, die bis zu 30 Zentimeter hoch werden und die Fahrt auf Schneemobilen behindern können.

Skidoos ...
... sind kettengetriebene Schneemobile oder Motorschlitten, die über zwei Kufen gelenkt und von ein bis zwei Personen gefahren werden können.

Skuas ...
... sind große Raubmöwen mit graubraunem Gefieder, gebogenem Schnabel und scharfen Krallen, die hauptsächlich in den Polargebieten leben und Pinguinen gern Eier oder Küken rauben.

Tutum ...
... ist lateinisch und bedeutet »Sicherheit« oder »sicherer Ort«.

Twin Otter ...
... ist ein Kleinflugzeug mit Rädern, Schwimmern oder Kufen, das nur eine kurze Start- und Landebahn braucht.

Whiteout ...
... ist ein meteorologisches Phänomen, das in Polargebieten in Verbindung mit Schnee und bedecktem Himmel auftritt und eine Unterscheidung zwischen oben und unten kaum möglich macht. Es führt zu Beklemmung, Orientierungslosigkeit und Beeinträchtigung des Gleichgewichtssinns und kann deshalb lebensgefährlich werden.

Zodiac ...
... ist ein tragfähiges Festrumpfschlauchboot mit stärkerem Auftrieb als normale Boote. Durch seinen tiefen Schwerpunkt liegt es sehr stabil im Wasser.

Angela Bernhardt, in Halle/Saale geboren, lernte an der Uni eine Menge über Theater und Publizistik und später als Filmdramaturgin noch viel mehr übers Geschichtenerzählen. Sie lebt in Berlin, schreibt Kurzgeschichten für die mitgegründete Lesebühne »SoNochNie«, Audiodeskriptionen und vor allem Kinderbücher.

Stephan Pricken wurde 1972 in Moers geboren. Nach seinem Grafikdesign-Studium an der Fachhochschule Münster gründete er mit ein paar Kollegen die Ateliergemeinschaft »Hafenstraße 64«. Dort arbeitet er seit 2004 als freier Illustrator. Mit seiner Frau und seinem Sohn wohnt er in Münster.

Besucht uns auf Facebook und Instagram!

TULIPAN-Newsletter
Tolle Lesetipps kostenlos per E-Mail!
www.tulipan-verlag.de

© **Tulipan Verlag GmbH, München 2022**
Alle Rechte vorbehalten
1. Auflage 2022
Text: Angela Bernhardt
Bilder: Stephan Pricken
Druck: GGP Media GmbH, Pößneck
ISBN 978-3-86429-552-2

Widerstand zwecklos? Denkste!

Beate Dölling
Nur über meine Leiche
Mit s/w-Illustrationen
von Tine Schulz
216 Seiten, 14,8 x 21 cm
€ 15,00 (D)/€ 15,50 (A)
ISBN 978-3-86429-553-9
Ab 10 Jahren

 Auch als E-Book erhältlich

Oma Traudel ist Lilas Zuhause. Schon immer wohnt sie bei ihr, in der kleinen Wohnung über ihrem Friseursalon. Seitdem die »Pinken« auf dem Vormarsch sind und nur noch Likes und Follower zählen, ist Oma Traudels Friseursalon zu einer Keimzelle des Widerstands geworden. Aber dann passiert das Unbegreifliche: Oma Traudel soll bei einem Unfall ums Leben gekommen sein. Lila kann es einfach nicht glauben. Doch warum verhindern die Pinken, dass sie ihre Oma noch mal sehen kann? Und warum sind sie so hinter ihrem Erbe, dem Friseursalon, her? Da stimmt doch was nicht! Mit der Hilfe ihrer Freunde und des gesamten Kiez' kommt Lila einer riesigen Ungerechtigkeit auf die Spur.

Abgedreht, schrill, turbulent!